ブルドッグ顔が引き上がる!

5秒でできる「顔筋改革」

間々田佳子
Mamada Yoshiko

PHP

ブルドッグ顔が たった5秒で生まれ変わる！

顔の使い方を
△から▼へ変えると、
顔は見違える →詳しくはP22で！

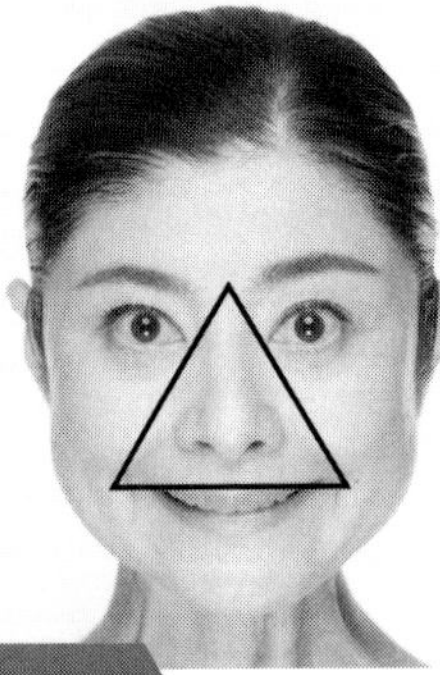

5秒で顔修正

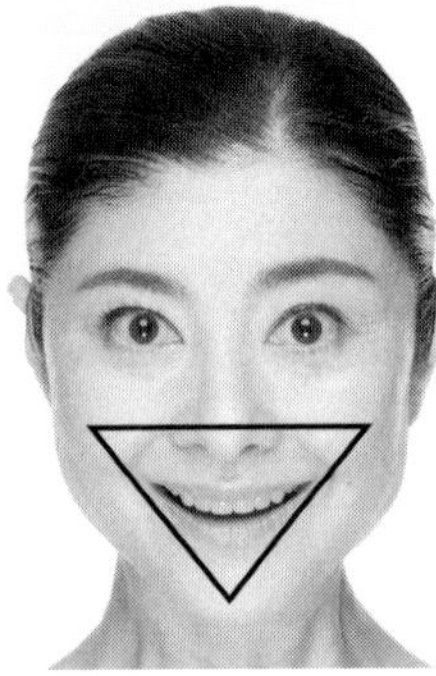

ブルドッグ顔の特徴

- 目の下や上まぶたなどの目元がたるんでいる
- ほうれい線やマリオネットラインが深く入っている
- 水分や老廃物が溜まり、顔がむくんでいる

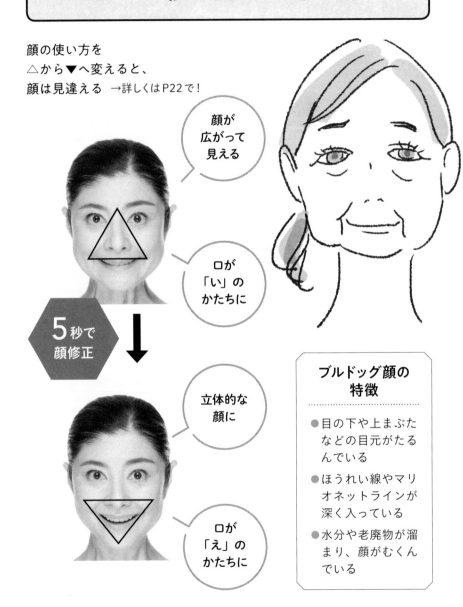

顔だけじゃありません
体の軸を整えコアフェイスをつくる
のがポイント！

→詳しくはP49からの
PART2で！

顔と体に
スーッと軸が
通るように
なります

ニ

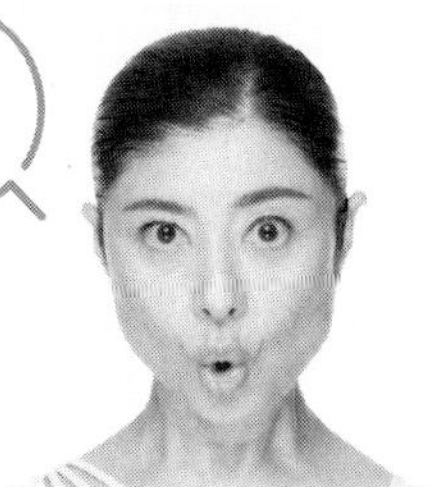
コ

この本の内容を実践すれば、

- ブルドッグ顔解消
- お肌もツヤツヤに
- スタイルもよくなる
- 前向き、元気な気持ちになる

あなたにたくさんのよいことが起こるでしょう。

はじめに

こんにちは、表情筋研究家の間々田佳子です。

この本を手に取ってくださった皆さんはきっと、顔に何らかの悩みを持っていらっしゃるでしょう。目のまわりがたるんできた、ほうれい線が目立ってきた、フェイスラインがボンヤリして、アゴまわりのお肉が垂れてきた……などなど。

これが、いわゆる「ブルドッグ顔」の兆候《ちょうこう》です。この悩みは、年齢を重ねるとともに増えていくでしょう。

では歳をとったから「しかたがない」とあきらめるしかないのでしょうか?

いいえ、大丈夫です。顔は、何歳からでも若返ります。

表情筋の使い方を変えれば、顔はツヤを取り戻し、立体的になります。そうすればより魅力的な自分に出会うことができるのです。そのためのトレーニング法を皆さんにお伝えするのが、この本の目的です。

「でも、もともとボンヤリした顔なら、さすがに変わらないのでは？」

と思った方、そんなことはありません。

私の教室には、「自分の顔をなんとかしたい」「キレイになりたい」という方が、年齢を問わずたくさん来られます。そして皆さん、確実にキレイになります。

「でも、時間がかかるのでは？」「きっとハードなんでしょう？」

と思った方も、心配はいりません。スキマ時間を使って行うトレーニングばかりなので「その日から」顔の使い方の意識が変わりますし、最初は慣れるのが大変でも、変化を感じながら楽しく続けることができます。

このトレーニングの要《かなめ》は、「体と顔を一体として考える」ことにあります。それが私の確立したメソッド、「コアフェイストレーニング®」です。

コアとは体幹、つまり体の軸です。体を鍛える時は、軸が定まっていることが不可欠なのです。だからこそ効果が出て、美しい体型を保つことができます。

顔に関しても同じことが言えます。坐骨から頭蓋骨までをつなげた中心軸に沿って表情筋をミニマムに鍛え、魅力的な顔をつくりあげていきます。

このメソッドには、私のバックグラウンドが深く関係しています。

30代のころ、私は、アルゼンチンタンゴのダンサーでした。その後、「顔ヨガ」の理論を学び、講師となりました。体と顔のプロフェッショナルとしてそれぞれ10年関わり、双方の経験が合わさって、このトレーニングが誕生しました。

私は現在49歳ですが、20代、30代のころよりも、今までの人生で最も顔がキラキラして引き締まり、元気になっています。

生徒さんたちも皆、同じ経験をされています。「自信が出てきました」「活動的になりました」「人生が変わりました！」というお声もたくさんいただきます。

顔が変わると、人生が変わります。それは何歳からでも遅くはないのです。

ブルドッグ顔にションボリしている皆さん、あきらめないでください。

あなたの顔は、今日から生まれ変わります。本書で紹介するトレーニングを行うことで、筋肉の悪いクセを直し、新たなよいクセづけをしましょう。

ブルドッグ顔が引き上がる！　5秒でできる「顔筋改革」　もくじ

PART 1
あなたに忍び寄るブルドッグ化のサイン

PART 2

スキマ時間で「ブルドッグ顔」から卒業！

PART 3

顔の筋肉とともに上を向いて生きる

装幀 村田 隆(bluestone)
イラスト もと潤子 PIXTA(P90・91)
撮影 浦川一憲
ヘアメイク 国府田 圭
スタイリング 梅本亜里(シードスタッフ)
衣裳協力 イージーヨガ(イージーヨガジャパン)☎03-3461-6355
編集協力 露木 彩 林 加愛

PART

1

あなたに忍び寄る
ブルドッグ化のサイン

顔のブルドッグ化が止まらない女性が急増中！

頬の肉がたるんで、口角の横にお肉が垂れ下がり、まるでブルドッグ犬のような顔になってしまった……と嘆く女性が増えています。

顔のブルドッグ化を止めたい、できればハリのある、若々しい顔に戻りたい、という切実な気持ちで、私の教室を訪れる方もたくさんいます。そんな「ブルドッグ顔」には、頬の垂れ下がりのほかにも、こんな兆候が見られます。

・目の下の皮膚がたるんで、頬の上に溜まっている
・小鼻の横のほうれい線が深くなっている
・口角からアゴにかけてまっすぐ下りる「マリオネットライン」もくっきり

など……。

一方、ブルドッグ顔ではないものの、このようなお悩みを抱える人も少なくありません。

・頬がこけてきた
・ほうれい線とマリオネットラインがつながっている
・痩せているのにフェイスラインがボンヤリ

これは「ヤギだるみ顔」と言われる、もう一つの老け顔のパターンです。

ここからもわかるように、老け顔には、「たるむタイプ」と「こけるタイプ」があります。その分かれ目は、脂肪のつき方です。脂肪がしっかりついた「肉顔」ならブルドッグ顔、脂肪の少ない「骨顔」ならヤギ顔になりやすい、と言えるでしょう。

両タイプの方々が、共通して訴えるお悩みもあります。

「顔が大きくなった」「間延びしてきた」「エラが大きくなった気がする」など。

これは、頬が「平ら」になってきたせいで起こる現象です。

若い人の頬には丸みがあるため、顔が立体的に見えます。結果として「小顔」に見えるのですが、年齢とともにその丸みが失われると顔全体が大きく見え、ボンヤリと間延びした印象になってしまうのです。

……こう言うと、皆さんはガッカリされるでしょうか。

「つまりは、肌の衰えが原因だということ？」

「それなら、ブルドッグ化、またはヤギ化した顔は、元には戻らないのでは？」

と思われるでしょうか。

いいえ、決してそんなことはありません。運動不足になってしまった「表情筋」を、まず動かすことです。そして、動かし方のコツを覚えることで顔は変化していきます。顔のたるみやこけは、長年の「顔のクセ」＝顔の筋肉の動かし方を誤っていたせいで起こります。

若いころは、動かし方が間違っていても問題は表面化しません。ヒアルロン酸、コラーゲン、エラスチンといった成分がお肌のハリを保つので、たるみやシワとは無縁でいられるのです。これらの成分が減ってくるのは、30代後半ごろから。その段階で、これまで筋肉を適切に使ってこなかった人はどんどん「老け顔」になっていきます。

それでも、あきらめる必要はありません。この現象を止めるのに「手遅れ」はないのです。

動かし方を修正すれば、顔はまたよみがえります。たるんだ肉はキュッと上がり、頬には丸みが出て目もパッチリと開くようになります。シワも薄くなり、ダイエットしたわけでもないのに、顔が引き締まります。ヤギ顔の人も、つくべきところに筋肉がついて、若々しい顔に変わります。

「そんなこと、あるわけない！」と思うでしょうか？

では次のページで、その効果の一端をさっそく実感していただきましょう。

「口元のたるみ」「額のシワ」の原因は……

この本では、私が長年の指導で培《つちか》ってきた理論に基づく「コアフェイストレーニング®」というメソッドを土台とした、顔の筋肉を「正しく動かす」間々田式の方法をお教えします。ごく簡単な「正しい動かし方」を体験してみましょう。まず、鏡を見ながらニッコリ笑ってみてください。ここで、口が「い」の形になっていたら、要注意です（23ページ右の写真参照）。

そのように口角を横に引いて、アゴに力を入れて笑う「アゴ笑い」は、マリオネットラインの原因になります。口角の下に指を当てると、力が入っているのに気づくでしょう。でもその部分は、むしろ力を抜くべき場所なのです。

では次に、アゴの力を抜いて、口を「え」の形にして笑ってみてください（23ページ左の写真参照）。「アゴ笑い」の時と違って、頬が上がっていませんか？

フェイスラインも、口のまわりが横に広がらないぶん、スッキリ見えるのではないでしょうか。そして何より、笑顔の印象が前と違っていませんか？　口角が上がって、よりにこやかに見えるのではないでしょうか。こんな風に、口のまわりではなく頬の筋肉を使うことが「笑顔のコツ」だということを覚えておいてください。

もう一つ、「目の開き方」についても試してみましょう。

眉に軽く手を当てた状態で、目をパッチリと見開いてみてください。

この時、眉が大きく上に動いたら、それは「額のシワ」の原因になっているかもしれません。

目は、まぶたの筋肉を使って開閉するもの。ところが、目を大きく開こうとする時、ついついおでこの筋肉に「代行」させてしまう人が多いのです。

もう一度、眉を動かさずに、チャレンジしてみてください。

――どうしても動いてしまう方も心配いりません。その筋肉の悪いクセを、正しい動きへと置き換える方法を、これからお話ししていきましょう。

今、顔の筋肉に必要なのは「鍛える動き」と「力の抜き方」

「表情筋を動かすことは、顔のシワやたるみ対策に効果的」ということは、皆さんもよくご存じでしょう。逆に、動かすことでシワが入ることを心配されている方もいらっしゃると思います。それは動かし方にクセや偏りがあるからなので、正しい方法を覚えれば問題ありません。

表情筋に「力を入れること」だけに重点を置くのをやめてみましょう。大事なのは、「抜くべきところは抜く」ことです。前のページで「アゴの力を抜いてみよう」としたのはそのためです。

力を抜くと、本来使うべき筋肉がよりしっかり把握できます。

——と、今でこそ言える私ですが、このことを発見するまでにはかなり長い時間がかかりました。

顔を鍛え始めた当初は、とにかく毎日必死に顔を動かしていました。ところがある時期から、思わぬところにシワが入ってしまったり妙に力んだ表情になってしまったりすることが増えてきたのです。

なぜこうなってしまうのだろう？　顔をどう動かせばいいのだろう……と考えるうちに、ふと思い出したのがタンゴを踊る時の感覚でした。

私はもともとアルゼンチンタンゴダンサーをしていました。全身に力が入りやすいタイプの私は、しなやかに踊るために常に「力を入れるところ、抜くところ」を確かめながら練習していました。その時の私は、顔にも力を入れてしまい、力んで鍛えていることに気づいたのです。そこで、体同様、力を入れるべき場所・抜くべき場所を整理し、メリハリをつけて動かす方法を編み出したのです。

効果は、予想以上でした。シワやたるみがなくなり、フェイスラインも一変。生徒さんたちや読者の方にも、この変化をぜひ味わってもらいたいと思っています。

顔は△使いになるとおばさん顔に

顔と体は同じ——と言いましたが、一つだけ、大きな特徴の違いがあります。顔は、「どこをどう使えばいいか」がわかりづらいのです。

体の骨格筋は、骨につながっています。ですから運動する時は、「関節」を動かして、筋肉を縮めたり伸ばしたりするのが基本です。腰を落としてスクワットをする時は股関節や膝関節を曲げ伸ばししますし、腕立て伏せなら肩や肘の関節を動かしますね。

一方、顔はどうでしょう。顔の関節は一カ所しかありません。口を開閉する時に動く、アゴの関節です。表情筋の数は左右合わせて約50個もあるのに、そのうち、顎関節《がくかんせつ》の影響を受けるのは口のまわりのわずかな筋肉だけ。食べる時、力んで頑張ろうとする時、ストレスが溜まっている時にも力が入りやすいパーツです。言い換えると、アゴまわりだけが顔の中で抜群に「力を入れやすい」のです。多くの人が

「アゴ笑い」になるのはそのためです。これをリセットするには、放置されてしまいがちな、頬から上の筋肉を活用することが大事です。ただしこのゾーンには関節がないので、力の入れ方は自分でコツをつかむしかありません。

その秘訣は何かというと――「△（三角）から▽（逆三角）へ使い方を変える」ことです。まず、△について説明しましょう。口角を横に引くと、左右のエラの距離も広がります。つまり顔の下部が横に広がり、三角形の「底辺」になるイメージです（23ページ右の写真参照）。

さらに、アゴで顔の筋肉を横や下に引いているからこそ、頬の筋肉を上げられない状況に陥り、たるみが加速することで△顔をつくる原因となっています。

これでは、笑っているのにどこか不自然で、老けた印象になってしまいます。

この△をグルリと反転させることが、ブルドッグ顔解消への道なのです。

3つの逆三角――ゴールデントライアングルとは

「△（三角）」を「▽（逆三角）」にするには、何が必要でしょうか。

一番大切なのは、左右の頬を上に上げる意識を持つことです。

この2つの頬と、アゴの先で、大きな逆三角形をつくるイメージを持ちましょう。すると、元気で晴れやかな表情になります。

この「メインの逆三角形」ができたら、その内側にもう一つ、小さな逆三角形をつくりましょう。

それには、左右の口角をキュッと真上に上げることが大切です。この口角と、下唇の真ん中で、逆三角形をつくることができます。

この時のコツは、アゴの力を抜くことです。口のまわりに力が入ってしまうと、下唇が横に広がってしまいます。そうなるとキレイな逆三角をつくれないので要注意です。

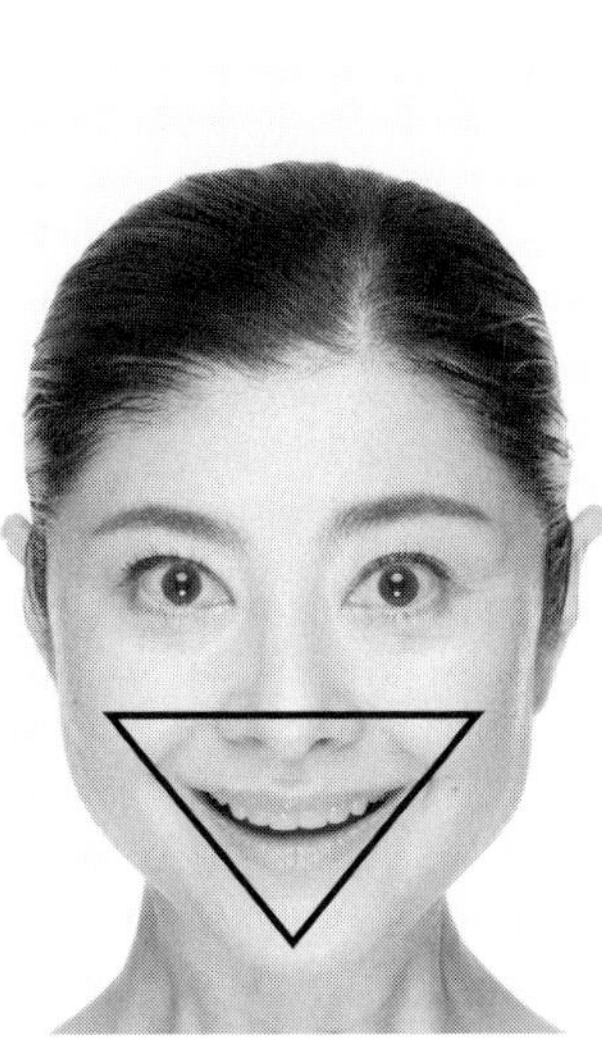

▽使いのゴールデントライアングル

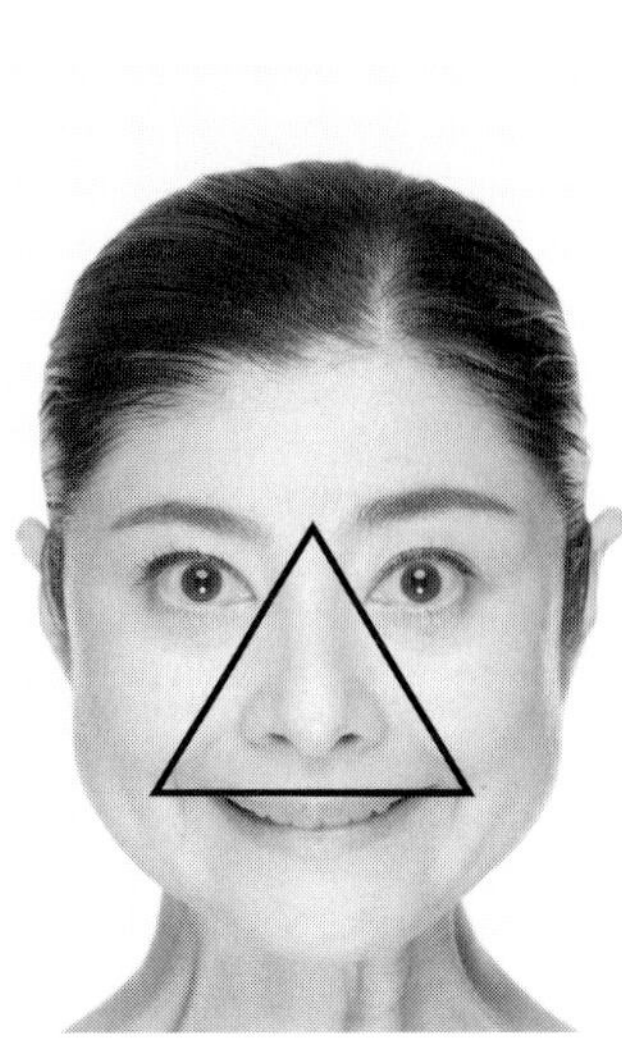

△使いの顔

そして外側にも、もう一つ大きな逆三角形をつくることができます。

左右の目尻を、外側へ開きましょう。これが、逆三角形の「上辺」になります。

この上辺、すなわち2つの目尻と、口角とを近づければ近づけるほど、明るく魅力的なビッグスマイルになります。

なお、目尻を開くには、目の開き方のコツをつかむことが必要です。教室では、「まつ毛の外側10本を外に開くイメージ」と伝えていますが、今はまだイメージが湧きづらいかもしれませんね。PART2のトレーニングで、少しずつ習得していきましょう。

顔の筋肉の構造を意識していますか？

前述の通り、顔の関節はアゴの関節だけなので、力の入れ方がわかりにくいという特徴があります。

また、筋肉のつき方も、力の入れ方を間違う一因になります。

顔の筋肉には、「３つのドーナツ」があります。

それは、両目を取り囲む「眼輪筋《がんりんきん》」と、口を取り囲む「口輪筋《こうりんきん》」です。

通常、筋肉は始まりと終わりがある一本の束なのですが、この３つは、始まりも終わりもない丸い形をしています。

私たちは日中、まばたきをしたり、ご飯を食べたり、言葉を話したりするために、３つのドーナツをしょっちゅう動かしています。生命活動を行うためには、ここを動かすことが不可欠です。

では、それ以外の筋肉はどうでしょうか。３つのドーナツに比べると、「動かす用事」ははるかに少ないですね。

そもそも、顔にはどんな筋肉があるか、皆さんはご存じですか？

口輪筋の円周からは、放射状にいくつもの筋肉が広がっています。

あるものは眼輪筋とつながり、あるものは顎関節《がくかんせつ》へ、あるものはアゴへ。

眼輪筋も、側頭筋《そくとうきん》や前頭筋《ぜんとうきん》といった、頭部を包み込む筋肉と折り重なるように存在しています。

また、見落としがちなのが「舌」。舌も立派な筋肉なのです。舌筋《ぜつきん》は喉の筋肉とつながっているので、鍛えられているか否かで、首のラインが大きく変わります。

横顔をキレイにしたいなら舌が決め手、と言ってもいいくらいです。

これらの筋肉を適切に連動させること、つまりは「顔のコントロール力」をつけることが重要なのです。

そのためには、顔の筋肉について知ることが欠かせません。どんな筋肉があり、どれを動かし、動かさないのか——次ページでそのポイントをお話ししましょう。

顔の筋肉のまわりはこうなっている

左ページの図は、正面から見た顔の筋肉です。

額を覆っている「前頭筋《ぜんとうきん》」は、眉を上げる時に使います。目を開く時、まぶたではなくおでこに代行させるのはNG、という話をしましたね（17ページ参照）。それがこの筋肉です。使いすぎをストップすれば、額のシワも薄くなります。

額のシワと同じく、「アゴの梅干しジワ」を気にする人も多いでしょう。その原因が「オトガイ筋」です。これはアゴや下唇を押し上げるのに使う筋肉。ここにポツポツとした凹凸ができるとしたら、アゴに力が入りすぎています。

そして、皆さんお悩みの「ブルドッグ顔」――頬肉の垂れ下がりの最大の原因は、「大頬骨筋《だいきょうこつきん》」を含む頬の筋肉が使えていないこと。ここを鍛えると、顔がシャープになります。

29ページで、横からの位置も確認してみましょう。

正面から見た顔の筋肉

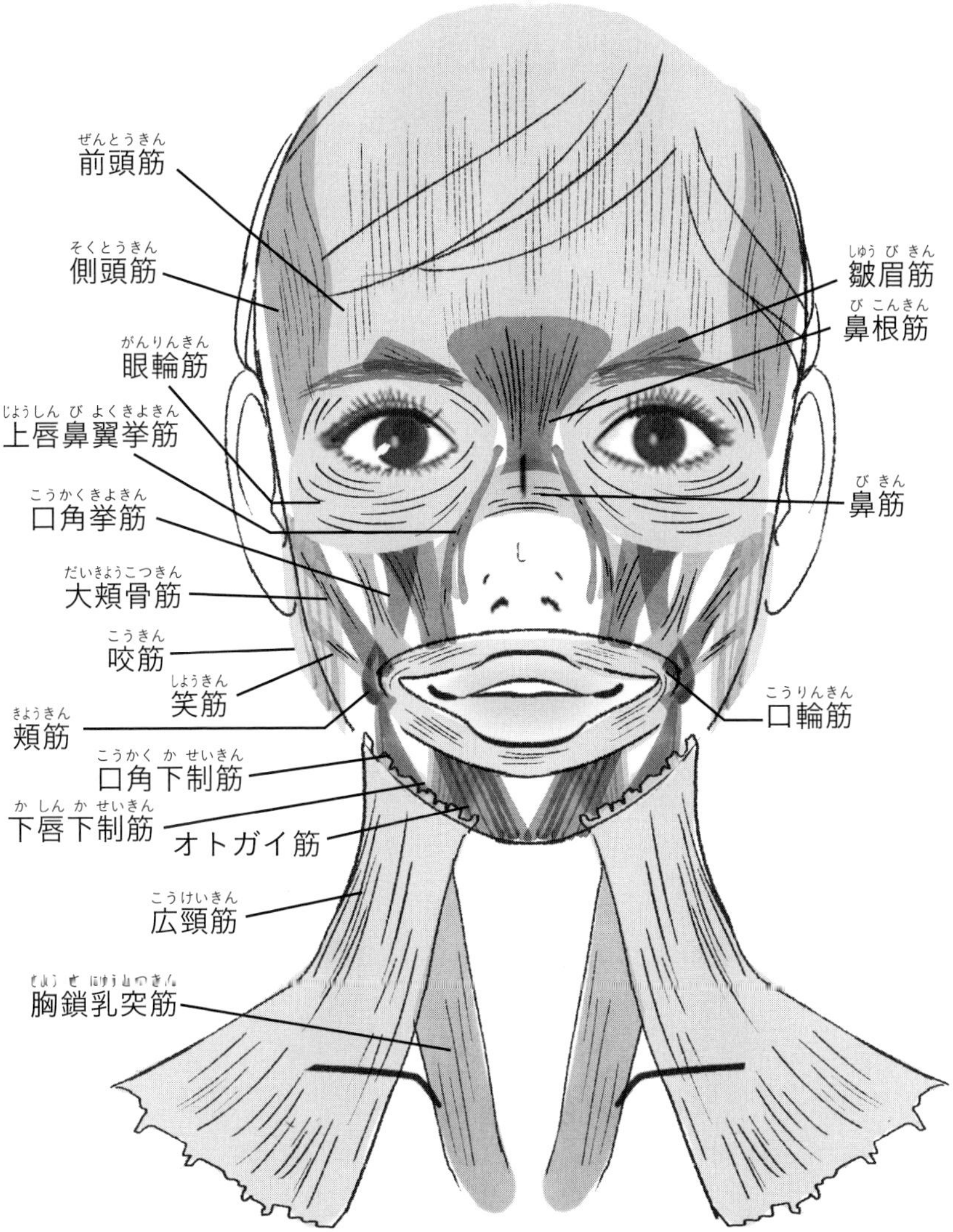
前頭筋《ぜんとうきん》
側頭筋《そくとうきん》
眼輪筋《がんりんきん》
上唇鼻翼挙筋《じょうしんびよくきょきん》
口角挙筋《こうかくきょきん》
大頬骨筋《だいきょうこつきん》
咬筋《こうきん》
笑筋《しょうきん》
頬筋《きょうきん》
口角下制筋《こうかくかせいきん》
下唇下制筋《かしんかせいきん》
オトガイ筋
広頸筋《こうけいきん》
胸鎖乳突筋
皺眉筋《しゅうびきん》
鼻根筋《びこんきん》
鼻筋《びきん》
口輪筋《こうりんきん》

横から見ると、口輪筋から、放射状にさまざまな筋肉が走っていることが確認できると思います。大頬骨筋はこのうち、側頭部に向かって斜め上に走る筋肉です。

コアフェイストレーニング®では、この大頬骨筋と、真上に向かって走る口角挙筋《こうかくきょきん》を使うトレーニングを丹念に行います。

多くの人は、この2つを使わず、真横に向かって走る「笑筋《しょうきん》」という太い筋肉を重点的に使っています。笑う時はとくに、ここに力を入れがちです。この筋肉は「笑う」という名前がついてはいますが、口角を横に引く役割しか果たしません。結果、アゴに力が入ってしまうのです。

アゴに力が入りすぎると、「口角下制筋《こうかくかせいきん》」が無駄に鍛えられるのも困りものです。それにより、マリオネットラインがくっきり刻まれてしまいます。

横向き・下向きに走る筋肉群をメインに使うのはやめましょう。底辺が広くなって、三角形のドッシリ顔になってしまいます。

使うべきは、上向きに走る筋肉群。これが「逆三角形顔」に近づける秘訣です。

横から見た顔の筋肉

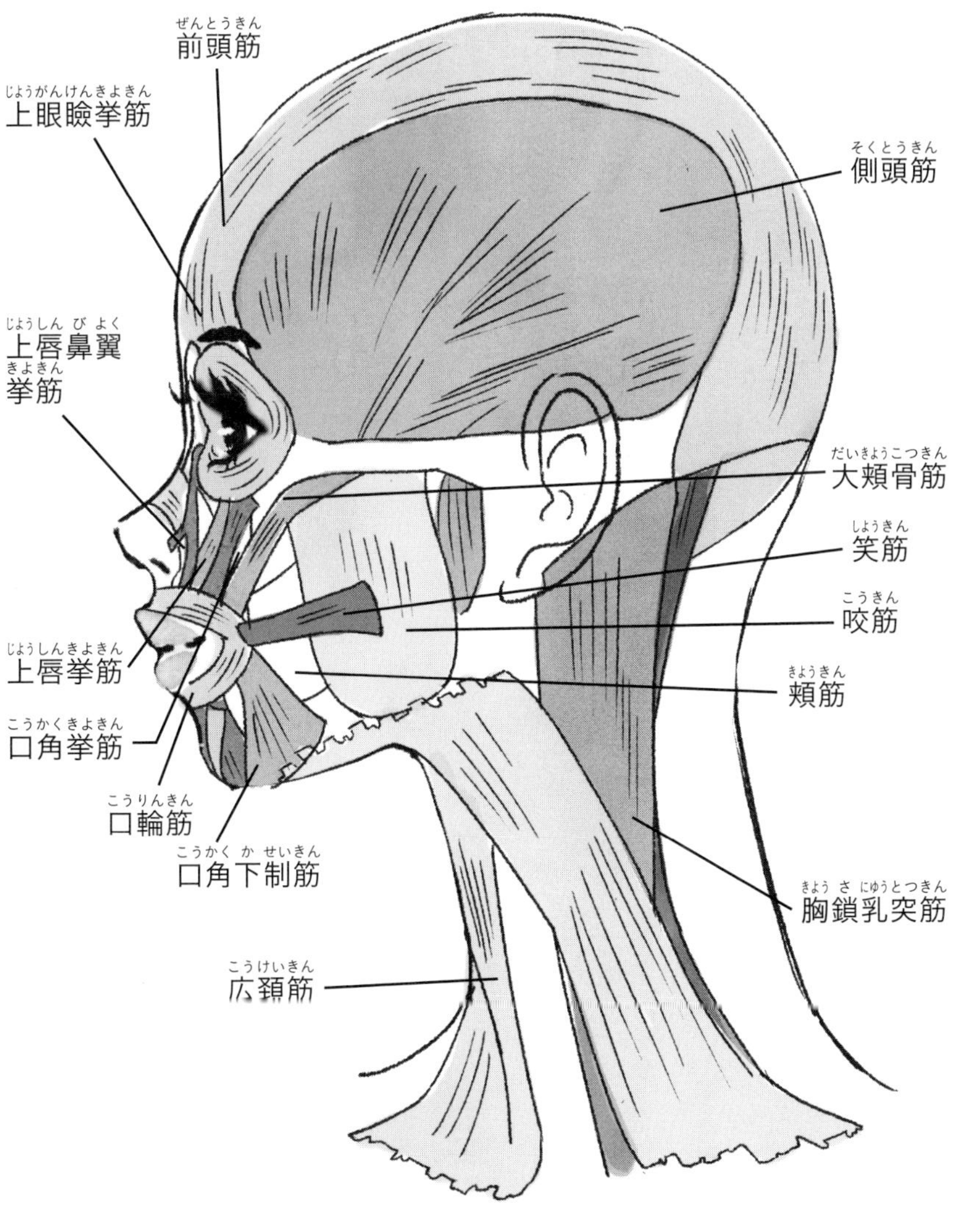

前頭筋《ぜんとうきん》
上眼瞼挙筋《じょうがんけんきょきん》
側頭筋《そくとうきん》
上唇鼻翼《じょうしんびよく》
挙筋《きょきん》
大頬骨筋《だいきょうこつきん》
笑筋《しょうきん》
咬筋《こうきん》
上唇挙筋《じょうしんきょきん》
頬筋《きょうきん》
口角挙筋《こうかくきょきん》
口輪筋《こうりんきん》
口角下制筋《こうかくかせいきん》
胸鎖乳突筋《きょうさにゅうとつきん》
広頚筋《こうけいきん》

口角の上げ方で顔は「その日から」変わり出す！

口角を横に引いていないか、アゴではなく頬を使えているか、チェックしてみましょう。動画で撮るのもおすすめです。

「話している顔」を、鏡に映してみてください。

ひとりで話すのは難しいでしょうから、何か文章を音読してみましょう。手近にある新聞でも、この本でも構いません。誰かに話しかけているつもりで文章を読み、その口元を鏡で見てみましょう。

頬が使えていない人は、「下の歯」ばかりが目立って見えるはずです。笑顔で話したとしても、下の歯がずっと見えているのではないでしょうか。

中には、「歯並びが気になるから」「金歯が見えるのがイヤ」などといった理由で、上の歯を意図的に隠している人もいるかもしれませんが、そういったクセがかえって老け顔を加速させてしまうのです。恥ずかしがらずに歯を見せたほうが、ずっと好印象で若々しく見えますよ。

ニッコリ笑った時は、「上の歯が８本」見えている状態にすることを心がけましょう。実際にやってみると、頬をかなり上げなくてはならない、とわかるはずです。だからこそ、大頬骨筋と口角挙筋を鍛えて、上方向への引き上げる力をつけなくてはいけません。

もう一つのコツは、アゴを「ないものだと思う」ことです。アゴの力を使うと頬が下方に引っ張られるからです。16ページでお話ししたように、口の形は「い」ではなく「え」に近い開き方をしましょう。

「アゴ頼み」でなくなれば、口角挙筋を意識した動かし方ができます。

口角挙筋は犬歯の辺りから真上に伸びている細い筋肉ですが、意識したこともないし、存在すら知らなかった、という方がほとんどでしょう。

しかしアゴを使わずに笑おうとすれば、この筋肉を動かさないわけにはいかなくなります。結果、「口角挙筋」の名の通り、口角がキュッと上に向かいます。

以上の要領をつかんだら、「その場で」顔が変わります。体の筋トレと違って、即効性があるのが嬉しいところですね。

ただし、頬を上げられるようになるだけでは、まだまだ不十分です。目のまわりの筋肉もコントロールできるようになることが欠かせません。

というのも眼輪筋が弱っていると、頬が持ち上がった時に、その肉に押される形で、目の下や目尻にシワができやすくなるからです。

目や眉の動かし方は、口とは逆で、横に大きく広げることが大切です。23ページでお話しした「まつ毛の外側10本」を意識した開き方は、「上眼瞼挙筋《じょうがんけんきょきん》」と「眼輪筋」という筋肉を意識的に使えるようになれば、できるようになります。

眼輪筋は丸い筋肉です。最近はスマートフォンの操作をするため伏し目がちな人が増えており、上まぶたをあまり使っていない人も多いようですが、眼輪筋は全体を動かすことが本当に大切です。偏りなく目のまわり全体を使うことにより鍛えられ、笑いジワを防ぐことができます。

表情筋は、一つを動かそうとするとほかが連動して動いてしまったり、一つを止めようとすると肝心の動かしたい筋肉が動かなかったりと、はじめのうちは難しく感じられるかもしれません。とくに頬を上げようとすると目のまわりにシワが寄りやすくなるので、トレーニングをする際は目のまわりを開く意識を。間違ったやり方をしているとシワをつくるトレーニングになりかねないので、しっかりPART2の写真を見て、鏡で確認しながら真似ていただきたいと思います。

コツコツ練習をくり返す中で、それぞれの筋肉の連動を外し、顔の筋肉を個々に動かす意識を研ぎ澄ませていくことが、コアフェイストレーニング®で顔の筋肉を鍛える際の重要なテーマなのです。

筋肉を動かすと血行やリンパの流れがよくなりますので、目のまわりのクマや小ジワが薄くなっていきます。細胞の入れ替わりも促進され、皮膚にもハリが出てきます。この「肌の若返り」も大きな効用なのです。

フェイスラインだけでなく、肌質まで変わる！

顔のトレーニングで「皮膚が若返る」のは、目元に限ったことではありません。額や頬の辺りも明るさが増し、シワは薄くなり、全体的にピンと張ったお肌になります。

私自身の肌も、この10年で大幅に若返りました。私の肌は若いころからトラブルが多く、40歳近くまで「大人ニキビ」が絶えませんでした。

そこには、メンタルも多分に影響していたと思います。ストレスは、肌荒れの大きな要因と言われていますね。当時はダンサーとして舞台に上がる機会が多く、しじゅうプレッシャーを感じていたことが、肌にも悪い影響を与えていたのでしょう。しかも当時は顔の筋肉を動かそうなどと思ったこともなかったので、いつもこわばった顔をしていたと思います。

でも今は、表情筋を自在にコントロールできるようになりました。すると、不安や緊張に駆られやすい性格までもが変わった気がします。

そして嬉しいことに、大人ニキビも消滅したのです。49歳の今も、人生で一番のツヤツヤ肌をキープしています。もちろん、メンタル以外の要因もあります。

筋肉を使わないと、その周辺には老廃物が溜まり、むくみやすくなります。逆に、筋肉を動かせばリンパの流れが活性化し、老廃物がスムーズに体外に排出されます。

筋肉を動かすことで、そのまわりの血流が上がり、細胞の入れ替わり（ターンオーバー）もスムーズになります。ターンオーバーの周期は、20代ならおよそ28日、50代になると約75日かかると言われていますが、そのスパンを短くすることができるのです。

ちなみに教室の生徒さんたちからよく聞くのは、「寝起きのむくみ顔がなくなった」という声です。朝からスッキリ、ピンと張った肌でスタートできる嬉しさを、皆さんにもぜひ味わっていただきたいところです。

顔に影響！　ブルドッグ顔の原因は悪い姿勢にも

さて、ここまでは、「表情筋を動かすこと」で顔が変わる、というお話をしてきました。しかし実は、その前提として、もう一つ大事な条件があります。

それは「コアフェイスをつくる」ことです。コアフェイスという言葉をはじめて聞く方も多いと思いますが、まずは顔の土台となる頭蓋骨をまっすぐ胴体の上に乗せる軸だと思ってください。そのため、この本では、ＰＡＲＴ２の基本メニューでコアフェイスを意識しながら顔を動かすエクササイズをとり入れています。

「顔を若返らせるのに、どうして首から下が関係してくるの？」

と思った方、試しに次の実験をしてみてください。

まず、思い切り「悪い姿勢」をとってみましょう。アゴを前に突き出し、背中を丸め、両肩も前に出した、猫背の状態です。そのまま、口角をキュッと上げた笑い方をしてみると……うまくできない、と感じませんか？

次は、背筋をまっすぐにし、アゴを引いて、首の後ろをしっかり伸ばしたよい姿勢をとり、同じようにニッコリしてみましょう。今度は、スムーズに筋肉が動くのではないでしょうか。

そう、ブルドッグ顔を解消するには、頭部の位置を正しくすることが不可欠なのです。体の軸を整え、その軸の真上に頭が来るようにすること。つまり、コアフェイスをつくることをせずに顔の筋肉だけを動かしても、効果は期待できません。

体と顔はつながっている――。これは当たり前のようで、忘れがちなポイントです。とくに首が弱いと、顔と体をつなげることは難しいのです。同一の軸上にあるもの、と考えれば、鍛え方・整え方のセオリーは顔も体も同じであることがわかります。どんな運動でも、パフォーマンスを上げるには「体幹」、すなわち体の軸が大切だと言われますね。ゴルフ、サッカー、体操、すべて同じことです。

猫背で、お腹をポッコリ突き出した姿勢ではよい結果が出にくくなりますし、バランスよく筋肉をつけることは難しいでしょう。ウォーキングも、悪い姿勢でダラダラ歩くと、変な位置に筋肉がついて逆効果になります。

軸がない体は、頭を支えることもできません。

猫背になると、頭部が前にせり出したり、左右に傾いたりします。頭部の重さは5キロもあり、それが上半身にアンバランスな力をかけてしまいます。首の後ろは過緊張状態になり、逆に、アゴの下の肉はだらりと緩んでしまうでしょう。そんな時の顔は、明らかに「抜けた表情」になります。

よいパフォーマンスが出せなくなる姿勢をとっている時は、顔も同じく低調になりやすいのです。

パソコン作業の多い人や、スマートフォンをしょっちゅう見ている人は、猫背になりやすいので注意しましょう。猫背が習慣化してしまえば体の筋肉が衰え、顔も垂れやすくなります。「今、猫背になっている」と気づいたら、そのつど軸を整え、コアフェイスのスイッチをONにしましょう。

コアフェイスを整えるには、適切な順番があります。スタートは、足裏で床を踏むこと。そして坐骨を感じておへその下＝「丹田」に意識を置くことです。ここにぐっと力を込めて、お腹を締めましょう。すると、自然に背中がまっすぐになります。姿勢をよくしようとする時、むやみに胸を開き腰をそらす人がいますが、これは間違いです。おへその下を起点にしましょう。

次に、首の後ろをスッと伸ばしましょう。頭頂部から一本の糸が出ていて、真上から吊られているイメージを描《えが》くのがコツです。

これで、足裏から頭頂部まで一本の軸が通ります。座っている時でも、「坐骨の真上に上体がまっすぐ乗っている」という状態をつくれば、姿勢が悪くなることはありません。

「口角を上げる」「目を開く」をはじめ、顔の筋肉を正しく動かそうとする時には、必ず同時に「コアフェイス」も意識しましょう。

これで、「抜けない顔」をつくる土台は完璧です。効率よくトレーニングできて、短期間での効果が期待できます。

スキマ時間でOK！　5秒でできるトレーニングとは

次のＰＡＲＴ２ではブルドッグ顔を解消し、シャープなフェイスラインと若々しいお肌を取り戻すエクササイズを、写真とともに解説します。

内容はいずれも簡単で、ハードな動きもないので、負担なく毎日続けられます。

――というと、

「毎日、続ける必要があるの？」

「筋肉の動かし方が理解できれば『その場で』変わるのに？」

と、疑問に思われるかもしれませんね。

確かに、最初の１回だけでも、顔は変わります。しかし大事なのは、正しい動かし方を、筋肉に覚え込ませることです。そのクセづけをするために、毎日継続することが必要なのです。

効果の現れ《あらわ》には個人差がありますが、トレーニングを開始した後は、おおよそ次のような変化が起こります。

・その場で起こる変化　↓　顔がスッキリした印象になる／表情が魅力的になる

・1〜2週間後の変化　↓　顔のむくみが取れる／新しい顔が定着する／真顔の時でも頬が立体的になる／フェイスラインがシャープになる

・1カ月後の変化　↓　シワが少なくなる／肌にハリやツヤが出てくる／姿勢がよくなり、体の軸が定まってくる／見た目の印象にも変化が現れる

その後も、よい状態をキープするために、こまめにトレーニングしましょう。「一日のうち、いつ行うか」といった決まりごとはありません。ちょっとしたスキマ時間に、気がついたら行うだけでよいのです。

どんなに忙しくしていても、スキマ時間は意外にあるもの。お湯が沸くまでの間の1〜2分などは格好のチャンスです。

外出中の「スキマ時間」も大いに活用できます。バスの待ち時間、エレベーターに乗っている間など、マスクをしていれば誰にも知られず、顔を鍛えられます。「ながら時間」もチャンスです。掃除しながら、洗濯しながら、食器洗いをしながら、テレビを見ながら……、と毎日の生活習慣に組み込んでしまえば、自然と継続できます。トレーニングは「7つの基本」と、「20の顔修正」。「基本」は、コアフェイスを整えた上で、顔の筋肉を正しく動かすレッスンです。毎日この7つを行うだけで、姿勢が整い、顔はどんどん変わっていきます。

7つの基本は毎日行いましょう。そこにプラスして、「私はこのポイントで悩んでいる」という点があれば、20の顔修正のうち、必要なものをピックアップして行ってみましょう。

基本も顔修正もシンプルな動きなので、難しい手順は要《い》りません。

ただし、筋肉に効く動かし方ができているかをチェックすることは不可欠です。ですから、「こうなっていたらOK／この状態ではNG」という見本を写真で紹介しているので、自分で行いながら確かめることができます。

どのメニューにも、「何回×何セット行う」といった細かいルールはありません。鏡を見て確認しながら、心地よい疲労感を感じる程度で行ってください。全メニュー共通の、唯一のルールは「だいたい5秒＝5カウント」。その顔をつくって5つ数えればOK、というシンプルなものです。最短で5秒あればエクササイズを行うことができます。しかし、カウントのテンポは自由です。時間があれば「いー ち、にー…」とゆっくり数えても構いません。さらに言えば、本当は10でも20でも、1分でもいいのです。要は、筋肉の「クセづけ」ができれば何でもよいのだ、と考えてください。

大事なのは「意識を持つこと」です。ふだんの生活の中で「あ、猫背になっていた」「今、口角を横に引いてしまった」と気づくことができたら、その場ですぐ修正できますね。そうした積み重ねが、表情筋のコントロール力を上げ、若々しい顔をつくりあげていくのです。

こんなに変わる！　生まれ変わった女性たち

私の生徒さんたちの体験談をご紹介します。

Aさん（37歳）

自分の顔には、ずっとコンプレックスがありました。とくに目が小さいのがイヤで「なんとかしたい！」と思い、トレーニングを受け始めました。そこで気づいたのは、その「イヤ」という思いが、かえって顔の魅力を損なわせていた、ということです。無理に目を見開こうとして、シワが入ったり、不自然に力んだ表情になったりしていたのです。今は、だんだんと筋肉の使い方がわかってきて、ダイエットもしないのに「顔が細くなった」と言われることが増えました。精神面でもゆとりが出たように感じます。

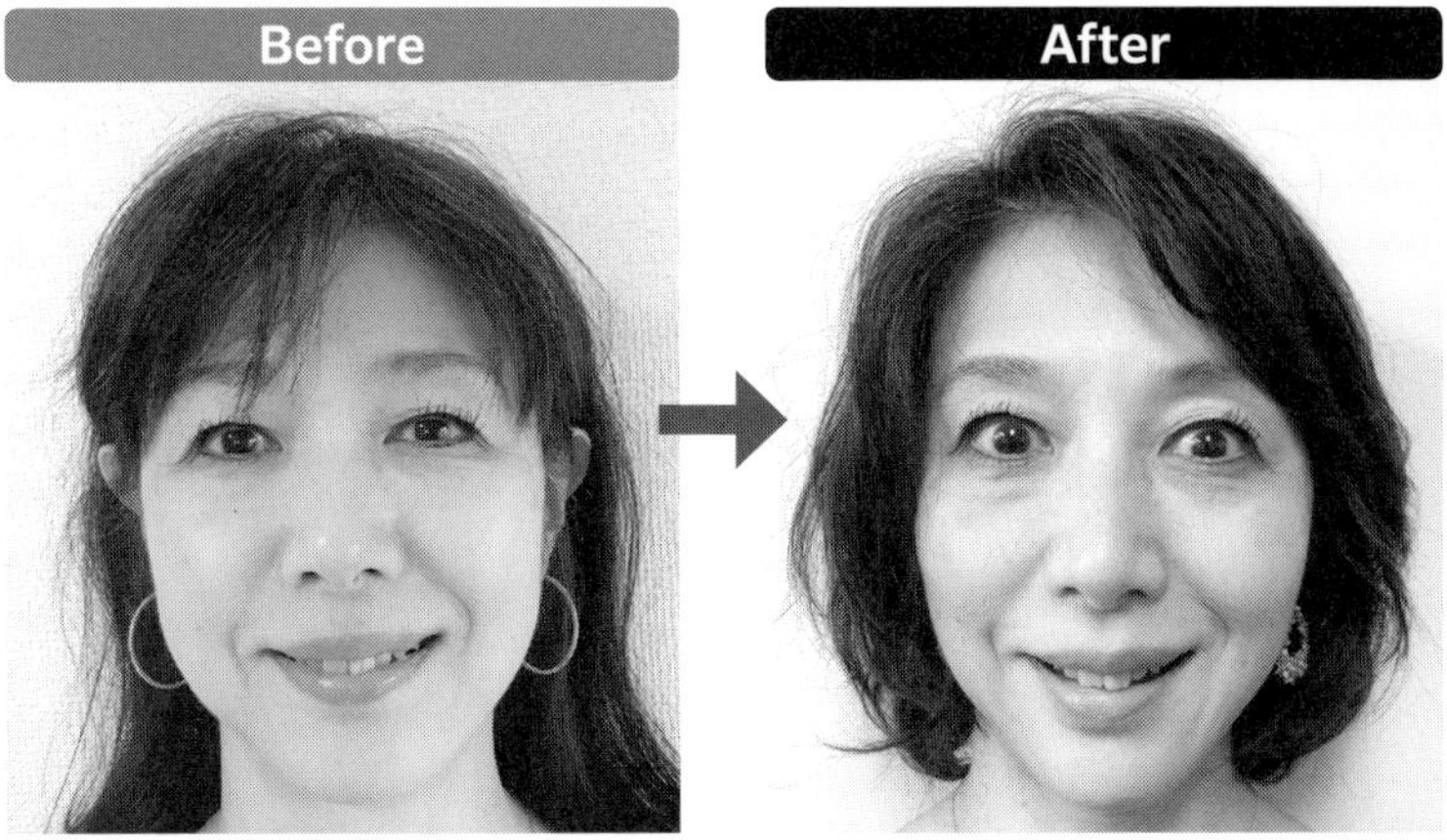

Wさん（56歳）

長年、顔の運動は続けていたのですが、なかなかマリオネットラインが取れないのが悩みでした。

コアフェイストレーニング®を始めたら、このラインが目立たなくなって感動！　頬や口角の筋肉の左右バランスも取れてきて、ゆがみのない、キレイな笑顔をつくれるようになりました。

下垂《かすい》気味だったまぶたのたるみも取れて、スッキリとした顔になっていくのを実感しています。

スーパー還暦を目指して、このままコアフェイストレーニング®を続けていきたいと思っています。

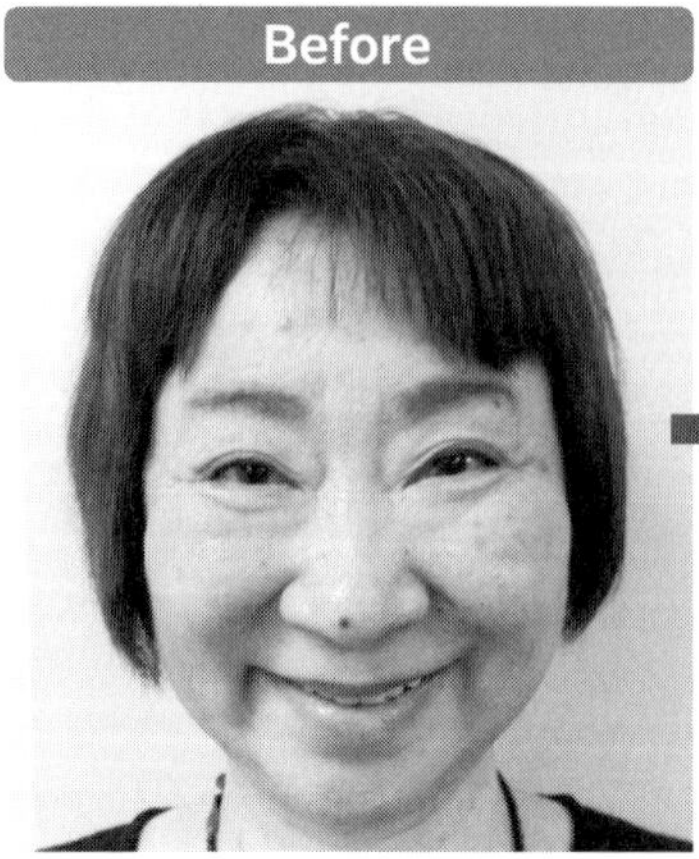

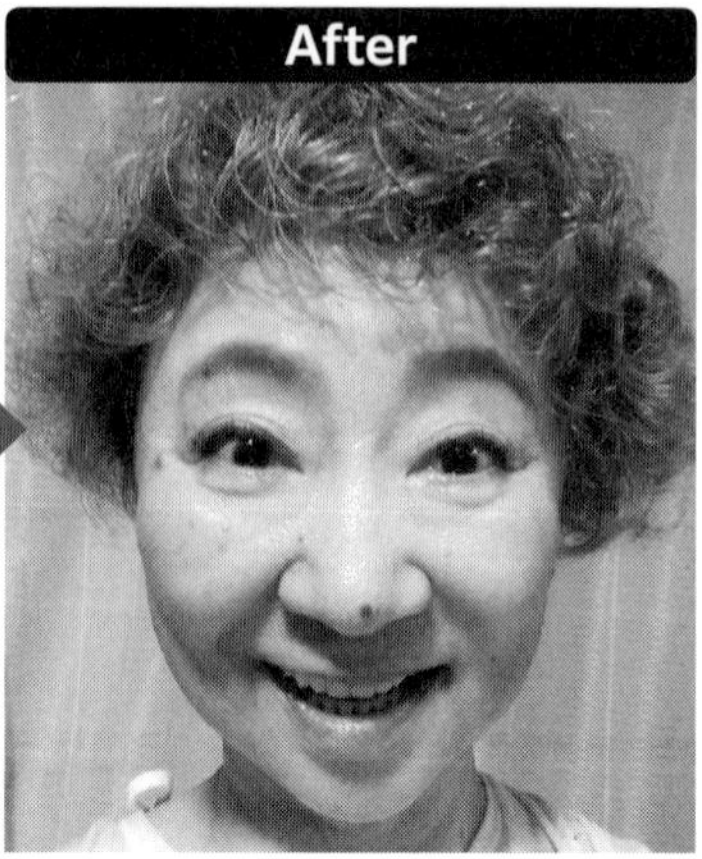

Tさん（69歳）

ある日、写真に写った自分を見てびっくりしました。眉間の縦ジワやほうれい線、ブルドッグのようなフェイスライン……。このまま何もしないとどうなってしまうのだろうと不安になり、トレーニングを始めました。

60歳を超えた私の筋肉は硬く、長年の表情グセも頑固で、当初は思うように動かせず苦戦しましたが、「軸」を意識できるようになって、顔筋トレの効果を実感！みるみるうちに小顔になって、自分の顔が好きになりました。

姿勢がよくなったことで、ポッコリお腹もスッキリしました。

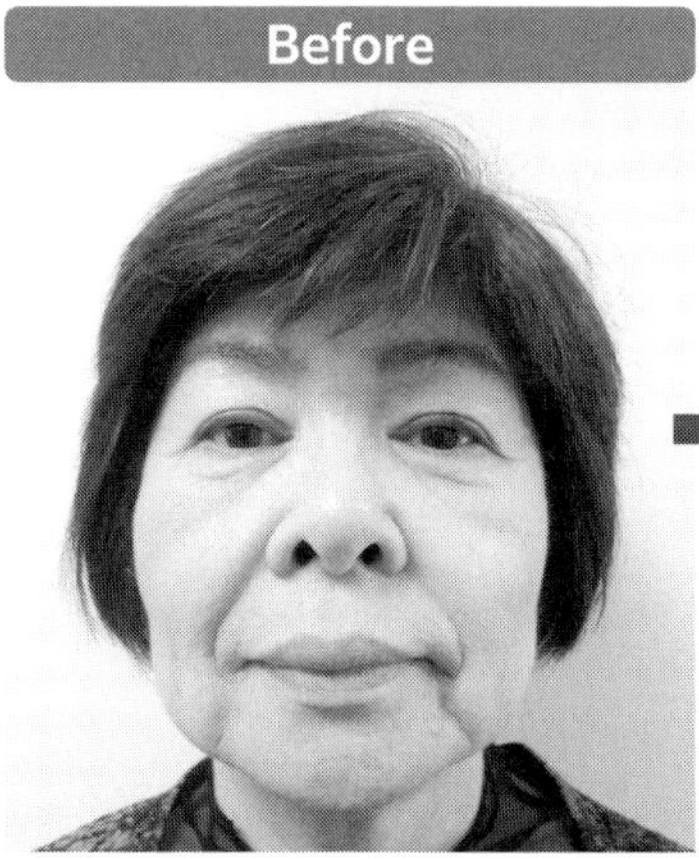

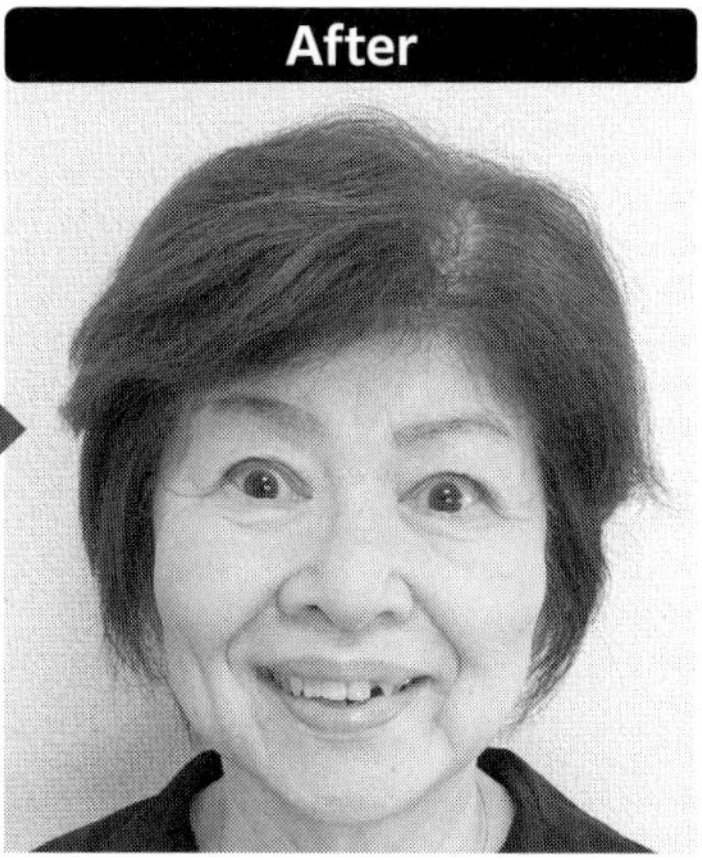

Mさん（71歳）

「油断している時の顔が、ふだんの自分」という言葉に驚き、トレーニングに目覚めました。

始めたばかりのころは、頬がまったく動かず、笑顔をつくるだけで一苦労。自分ではしっかり口角を上げて笑っているつもりだったのに、「上の歯が見えていない」と指摘されて、ショックを受けました。

でも、毎日トレーニングを続けていくうちに、頬を軽く感じるようになり、大変な思いをしなくても頬上げができるように。フェイスラインもシャープになってきたと褒められます。顔も気持ちもアップする、究極のエイジングケアだと思います。

―― コラム ――

本当の私はどっち!?

「あれ？　私、こんな間の抜けた顔してた!?」

と、びっくりする瞬間はありませんか？

例えば、誰かが撮った写真や動画の中に、知らずに写り込んでいた時。電車でボーッと座っていて、ふと正面の窓ガラスに映る自分に気づいた時。

「私はこんな顔じゃない。たまたま悪い瞬間だったのだ」と思いたいところですが、実はその顔こそが、あなたの本当の姿なのです。ふだん、あなたが「私」だと思っている、鏡に映った顔は、無意識に「キメ顔」になっているので、かなり修正されているのです。

しかし顔のトレーニングを始めると、その「ヌケ顔」は着実に変わっていきます。体の軸を整え、その真上に頭蓋骨を乗せただけで、顔つきはキリッとするもの。毎日継続してクセづけすれば、その顔が定着します。

脱力しきった「ヌケ顔」でもなく、無理して数秒間つくった「キメ顔」でもなく、リラックスした状態で自然に「キリッと顔」になれる――。体の軸から整えて、顔をスイッチオンしましょう！

PART 2

スキマ時間で「ブルドッグ顔」から卒業！

顔と体で一本の軸（＝コアフェイス）をつくる練習を。自由なテンポで５カウント行う（最短５秒）ことを習慣にしましょう。７つの基本を毎日続けることで、たるみにくい顔をつくる土台が出来上がります。

脱力顔解消

基本１ コアフェイススイッチON

上半身をピンと伸ばすのがスッキリ顔の第一歩

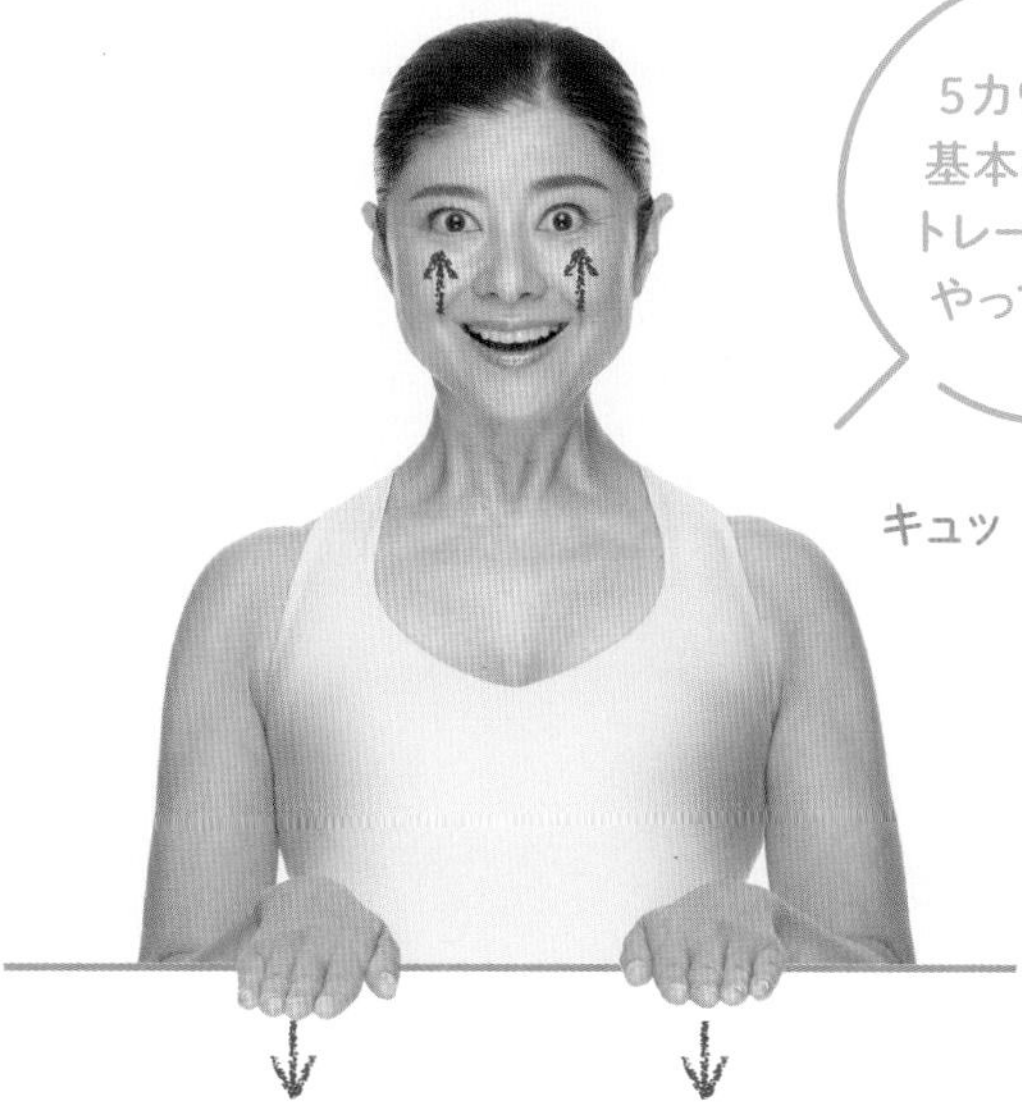
5カウントで
基本の7つの
トレーニングを
やってみよう

こんな姿勢の時は…

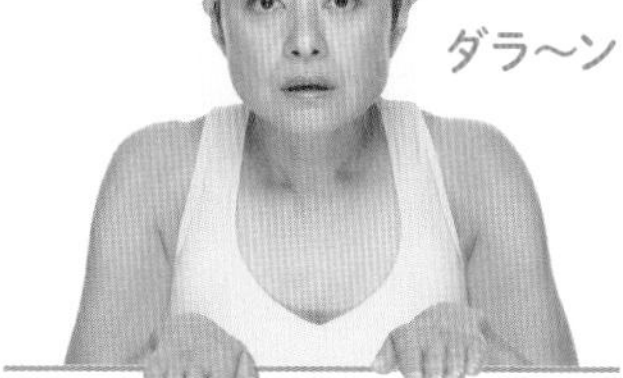

顔＆上半身＝「顔からだ」で一本の軸をつくります。両手でテーブルを下へ押しつつ、上半身は上へ。顔もニッコリ頬も上げて笑顔にすることで気持ちもアップ！

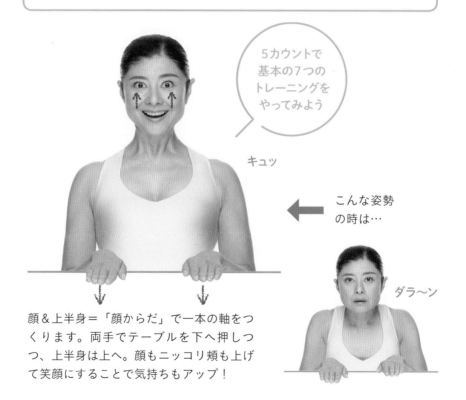

シワ顔解消

基本2 コアフェイスストレッチ

ストレッチで血行をアップさせると、表情筋がよみがえる

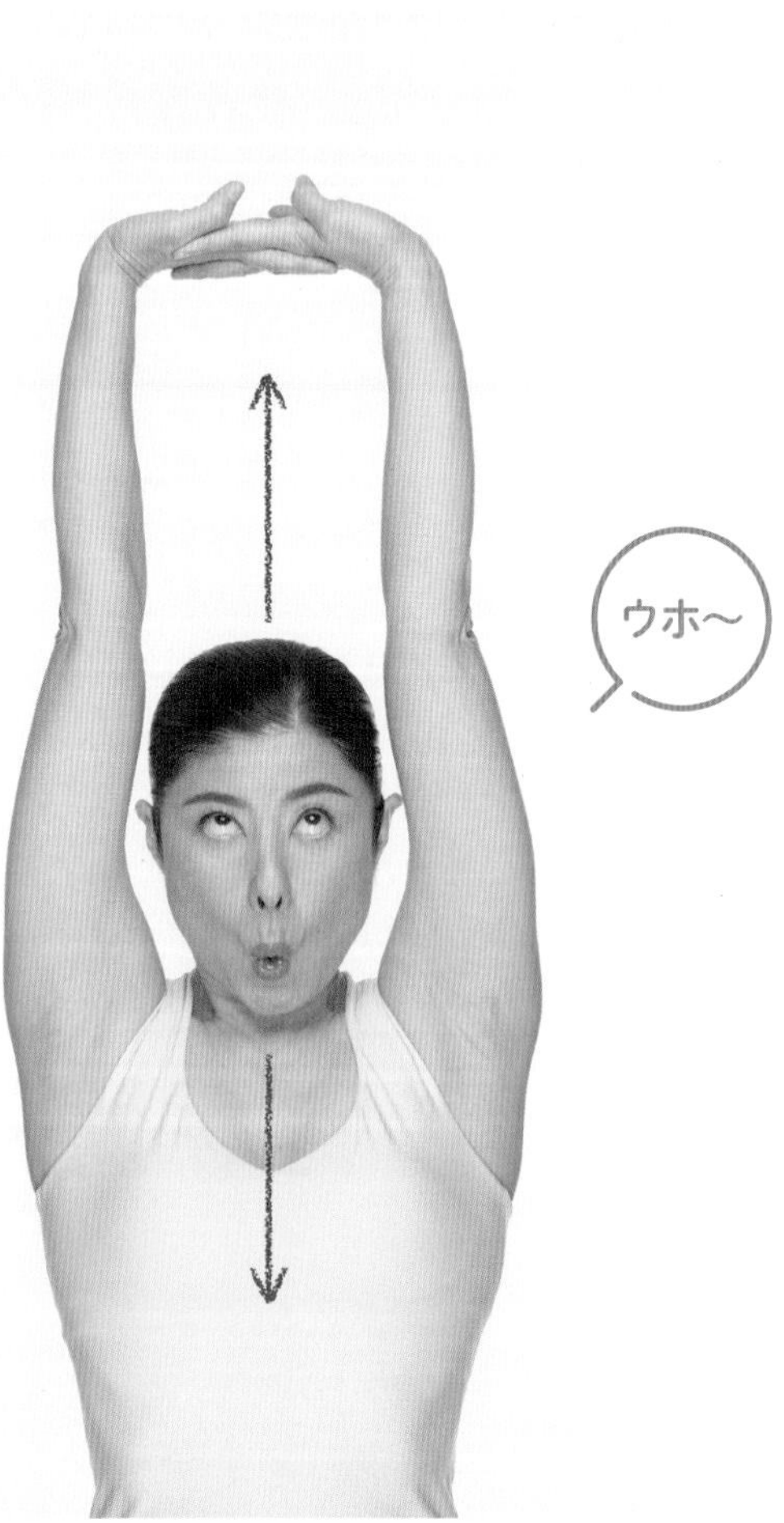

お腹を締め、両手を組んでグ〜ッと上へ。体の脇を伸ばしつつ、口は「ウホ〜」の形に。最後に目線を上にして顔も上下にストレッチ。

キンチョー顔解消

基本3 コアフェイスリリース

緊張→脱力で、「顔からだ」の力みが解消

1

両肩を上げ、「1、2、3、4」とカウントしながら「顔からだ」をいったん緊張させます。

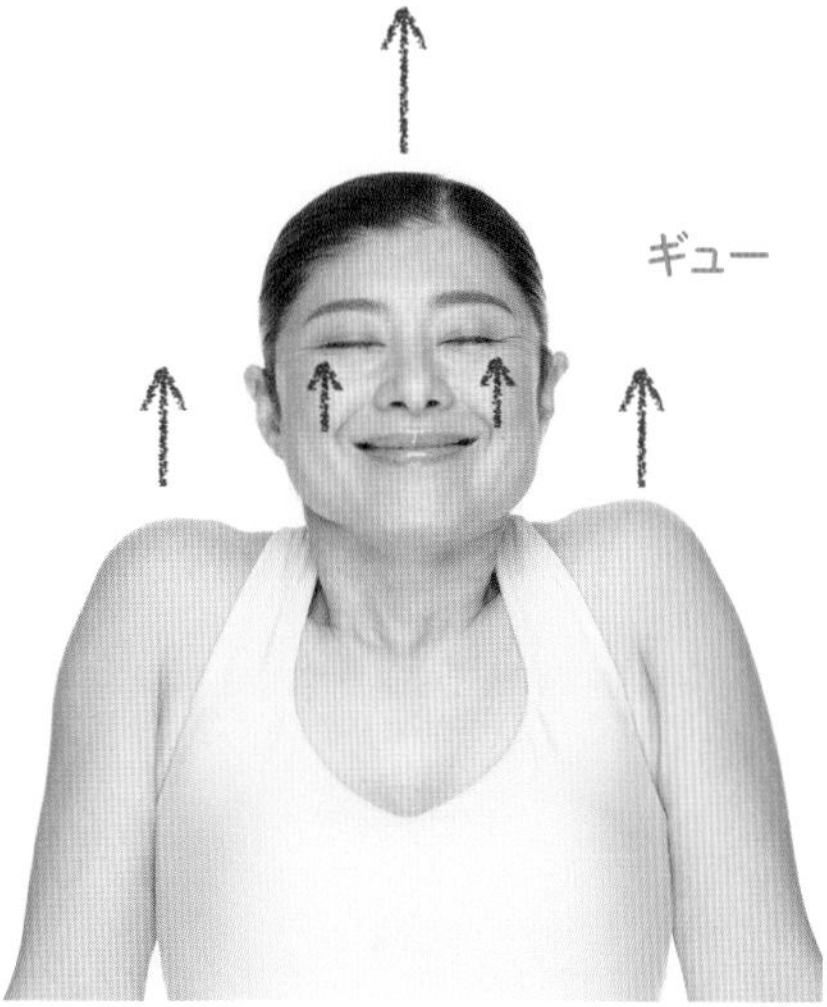

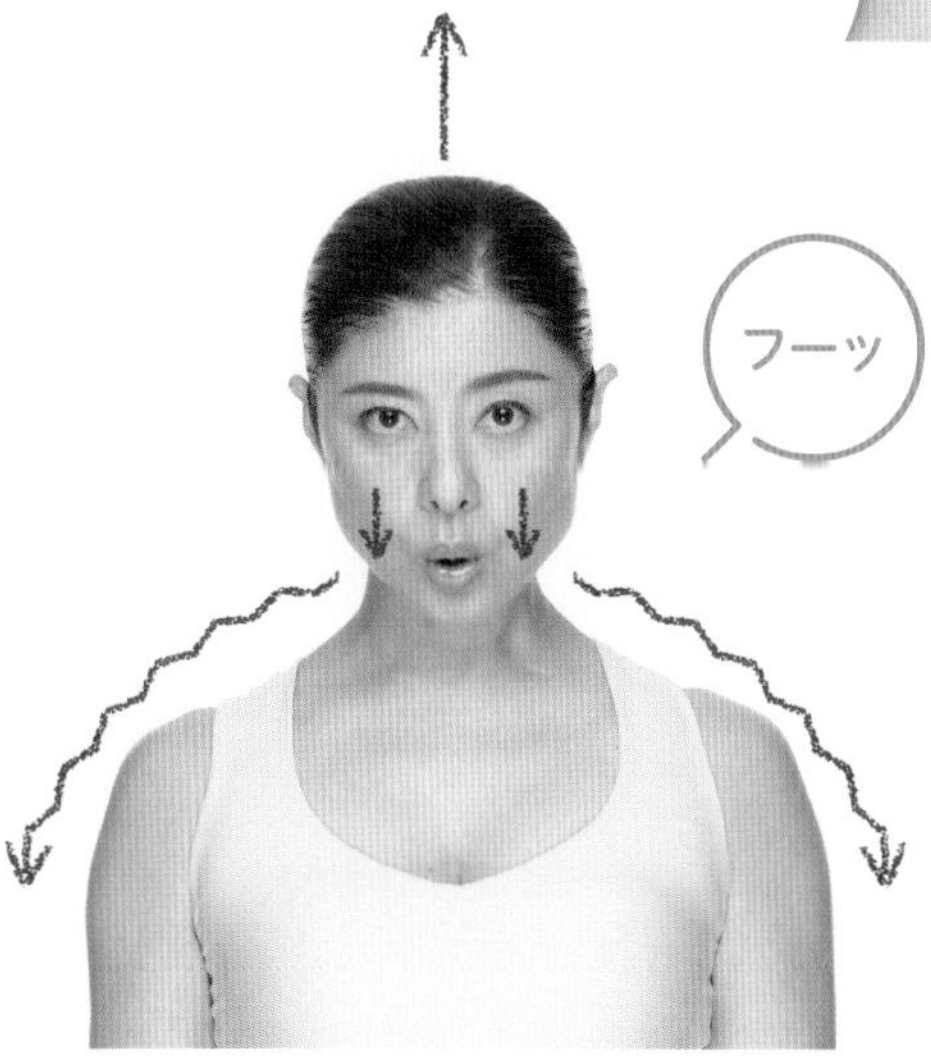

2

「5」で、フーッ！ と息を吐き、肩を落としてリラックス。これで「顔からだ」の表面の力が抜け、軸だけピンと立った状態に整います。

たるみ顔解消

基本4 コアフェイスシェイプ

上体をしぼって「軸」を感じよう

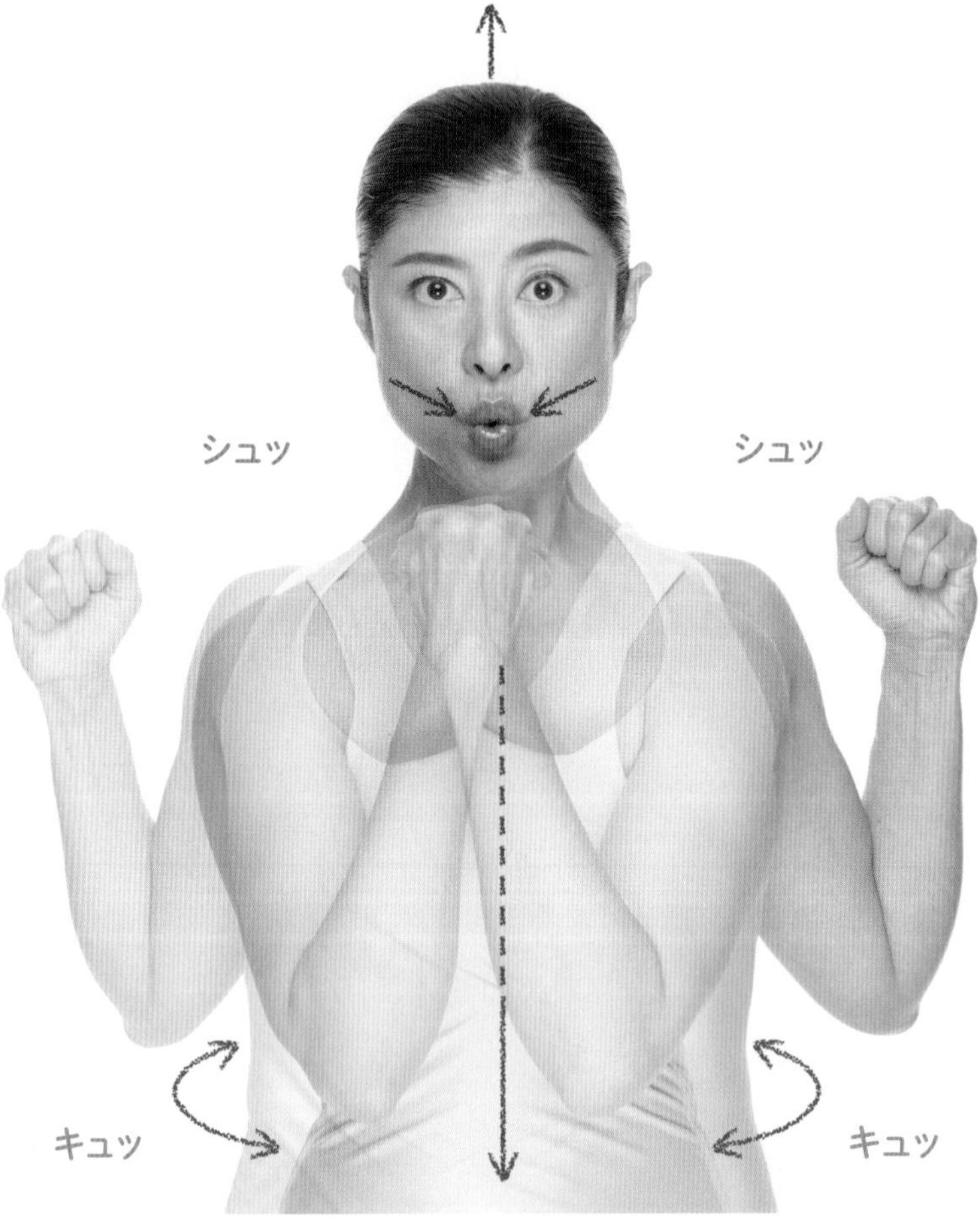

お腹を締め、首の後ろを伸ばします。手を軽く握って肘を曲げ上体を左右にひねります。顔は正面のまま、口をすぼめながら、「シュッ」「シュッ」「シュッ」とウエストをしぼるたびに息を吐きます。

ゆがみ顔解消

基本5 コアフェイススクイーズ

筋膜のヨレを取り、左右バランスを整える

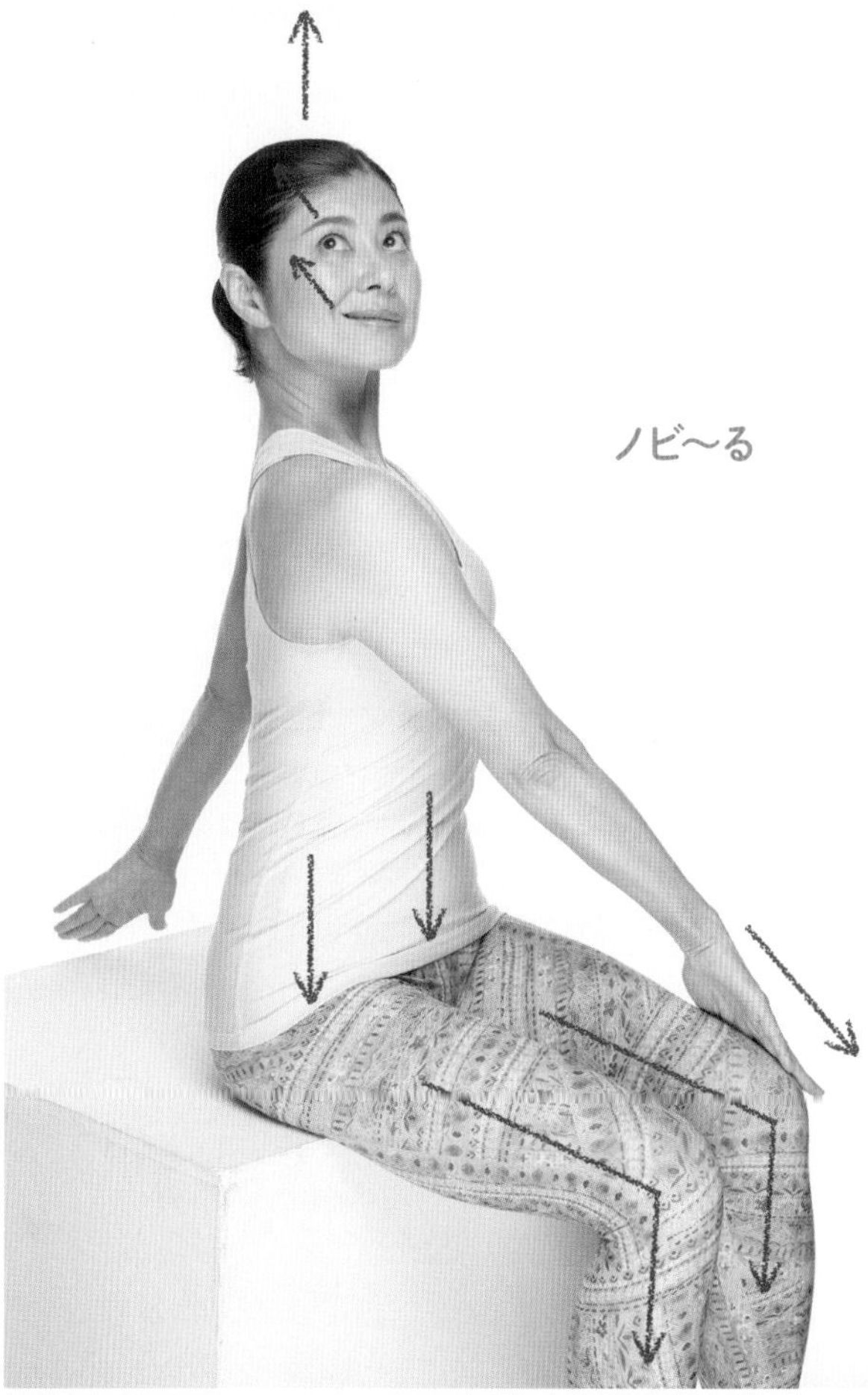

右手を左膝の外側に添え、左手は背後、上体を左側にねじりつつ、顔は右、視線は右上に向けてニッコリ。逆側も同様に。

緊張のない顔に

基本6 コアフェイスリセット

ユラユラ旋回で無駄な力を抜こう

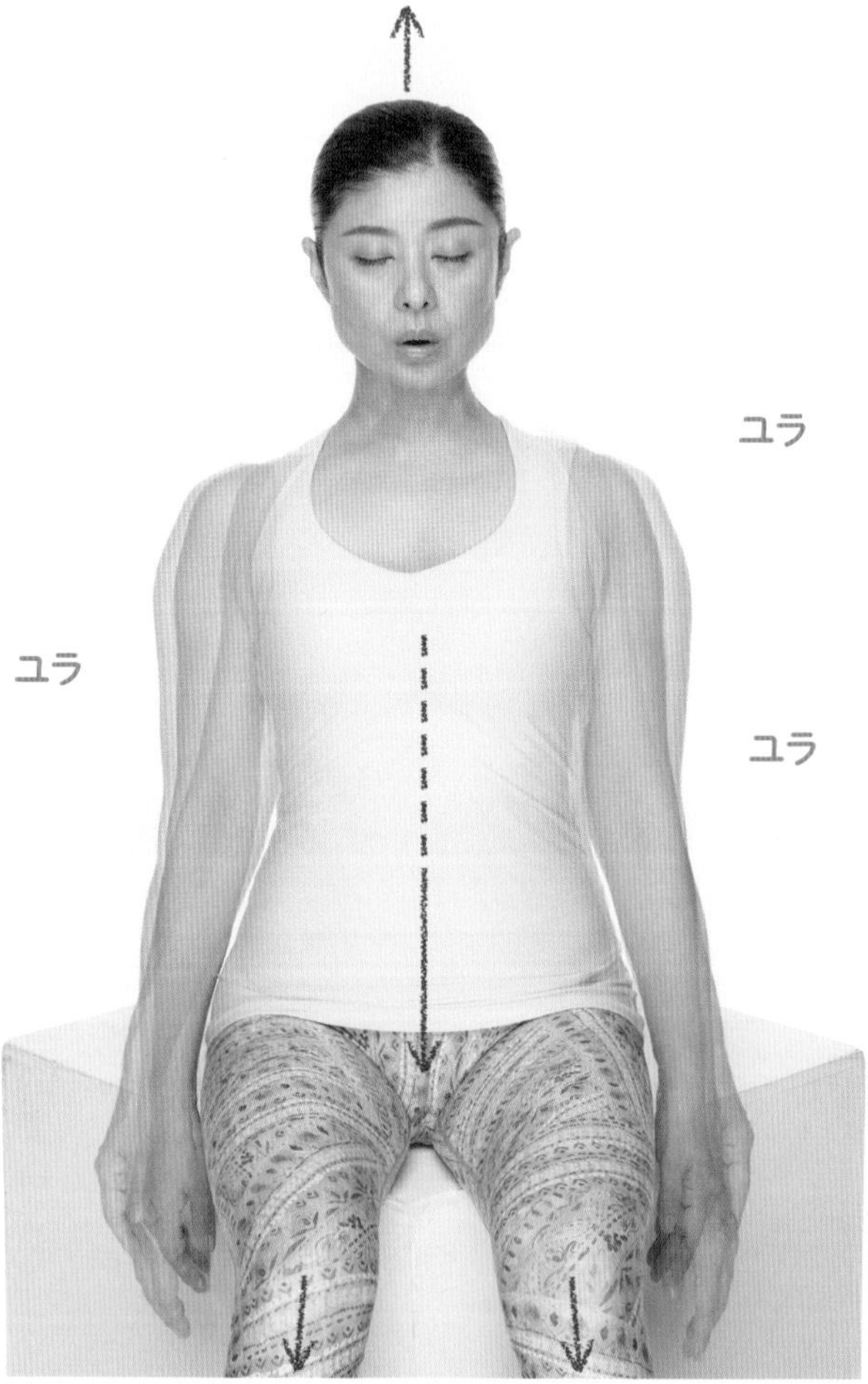

坐骨で椅子の座面を押しながら、背筋・首の後ろをふわっと上に持ち上げ、上体をゆらす。目を閉じ、軸のイメージを感じて。

引き締め顔インプット

基本7 コアフェイススマイル

基本の完成！　ブルドッグ顔解消の新しい顔からだの「クセづけ」

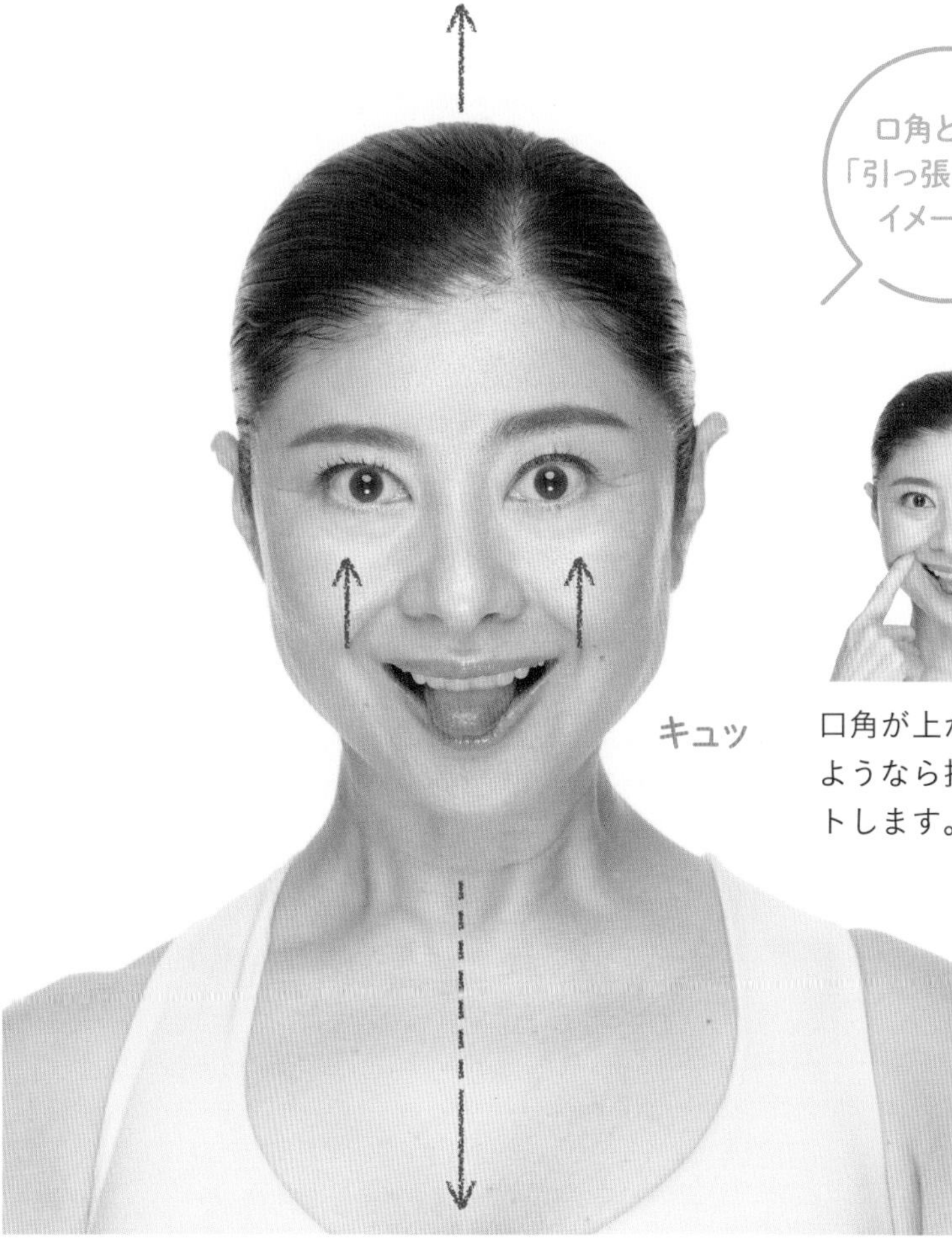

口角が上がりにくいようなら指でサポートします。

目を大きく見開き、舌を前に突き出します。口角を上へ。上の歯を8本見せた状態で、「口の逆三角形」を顔に覚えさせましょう。

むくみ顔解消

顔修正1 フェイスシェイク

顔を動かしてリンパの流れをアップ！

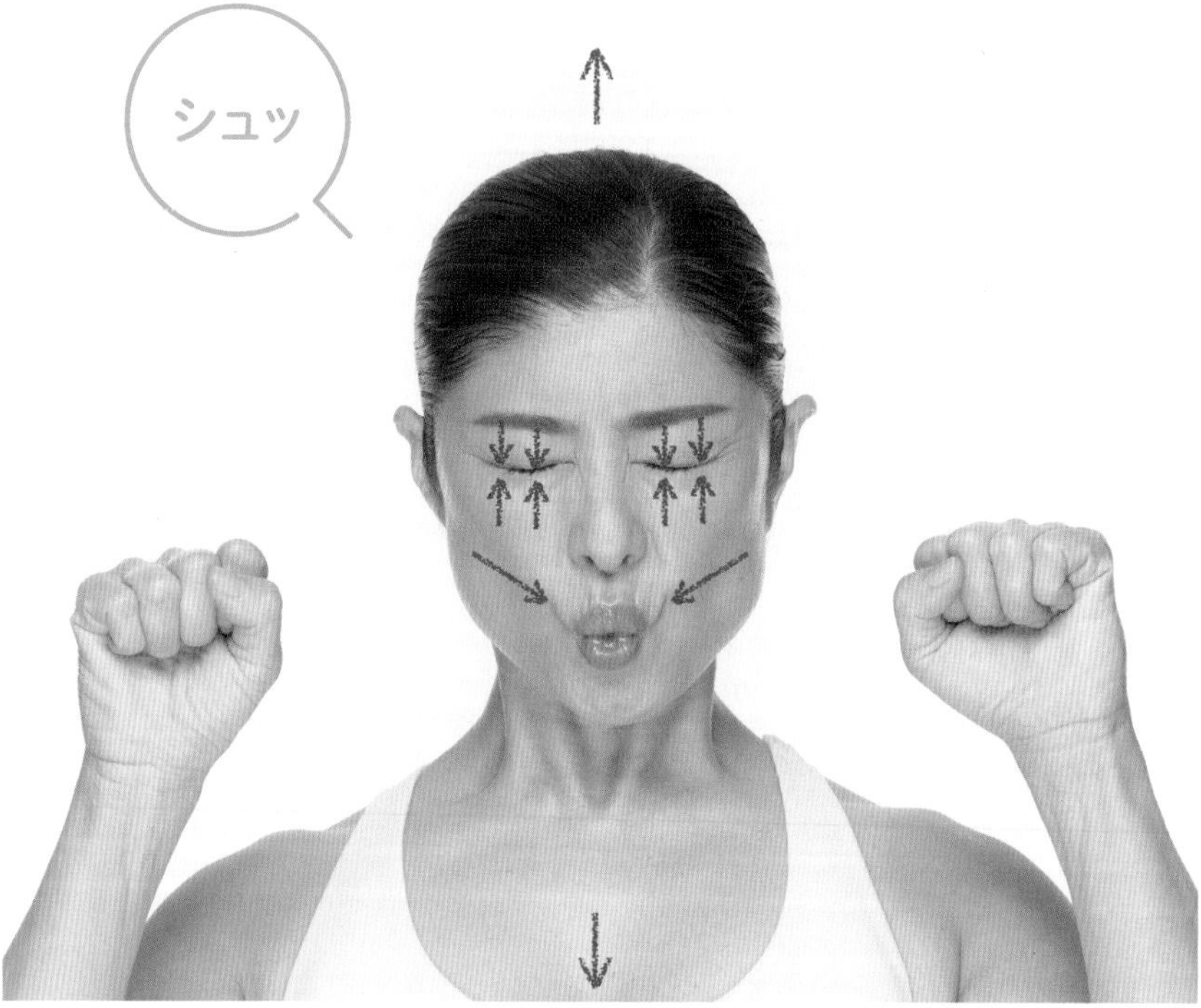

1

両手を軽く上げ、ギュッと握りながら目と口を強く閉じ、「シュッ」と息を吐きます。閉じるのは一瞬で、すぐ2のアクションへ。

NG

パッと開いた時に口や顔が
開き切っていない状態で、
シワが残っている

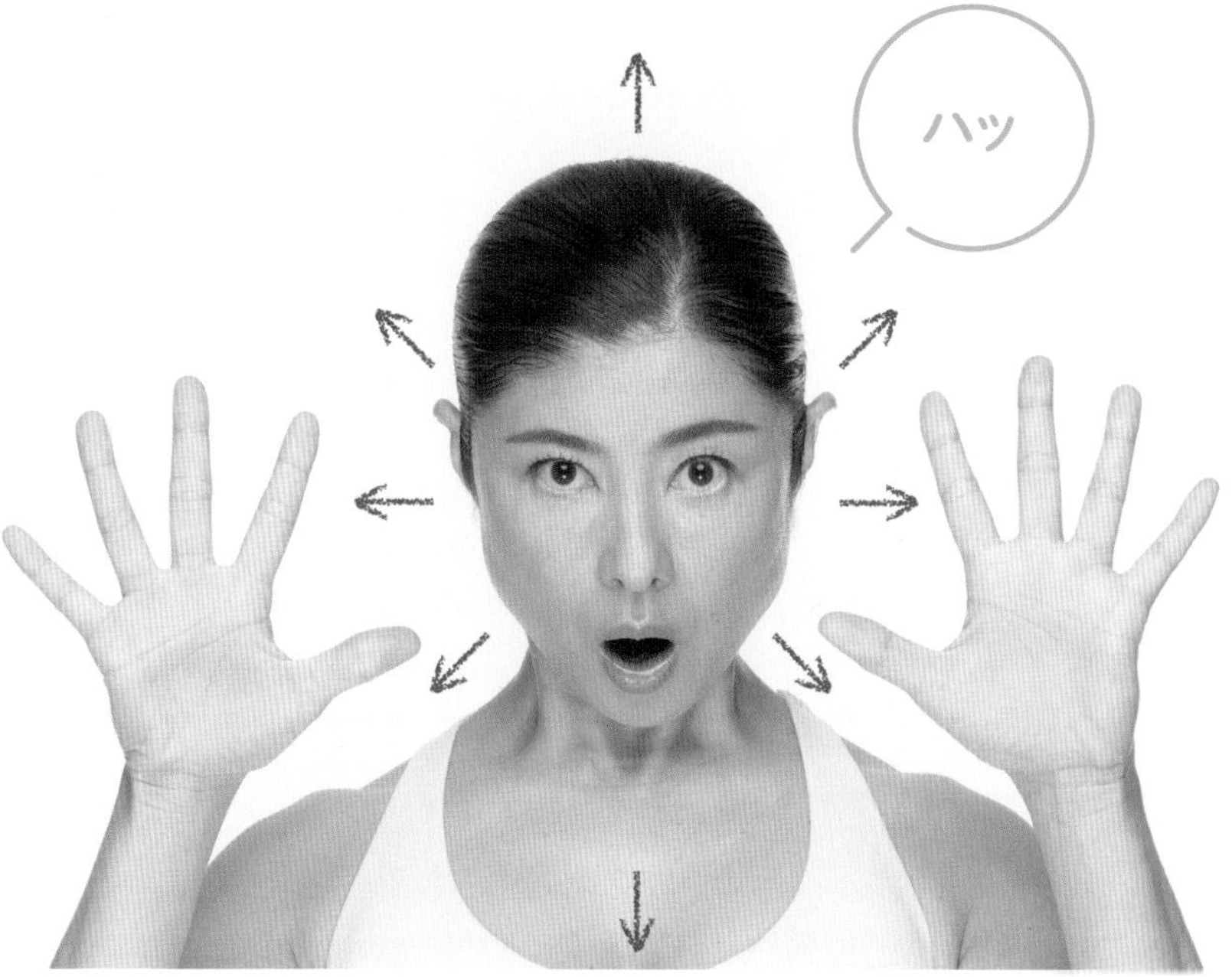

2

手と目をパッと開いて「ハッ」と顔を開きます。「シュッハッ」を5秒くり返した後は目を閉じ、顔のポカポカ感を味わいましょう。

シュッハッを
5秒
くり返す

左右バランスを整える

顔修正2 口角目線アップトレ

顔からだのゆがみを取って、キレイな左右対称顔に

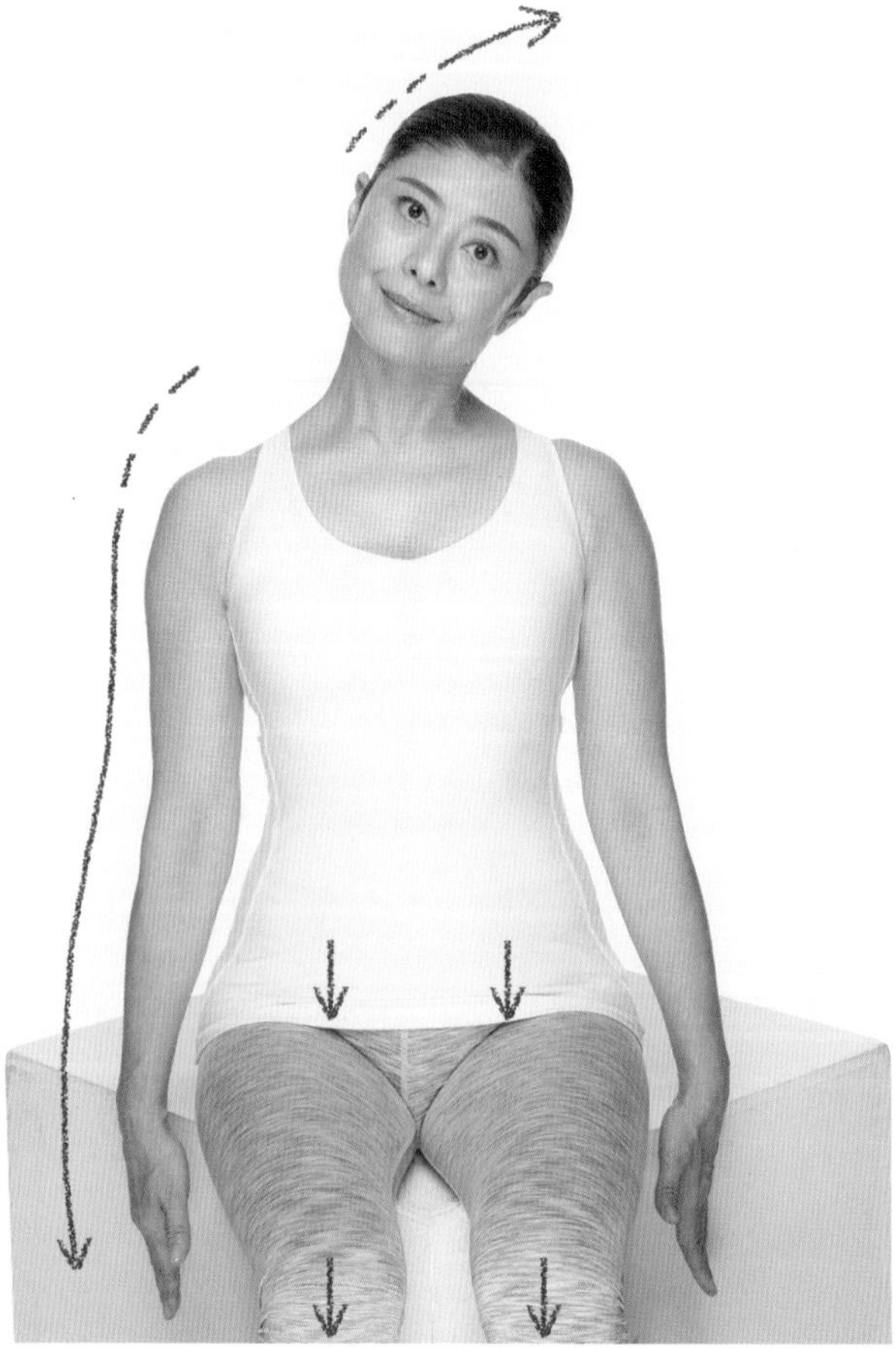

1

鏡を見て、どちらの顔が下がっているかチェック。下がっているほうの手を斜め下に伸ばし、首は逆方向に傾けましょう。

NG

顔につられて肩が上
がらないよう注意！

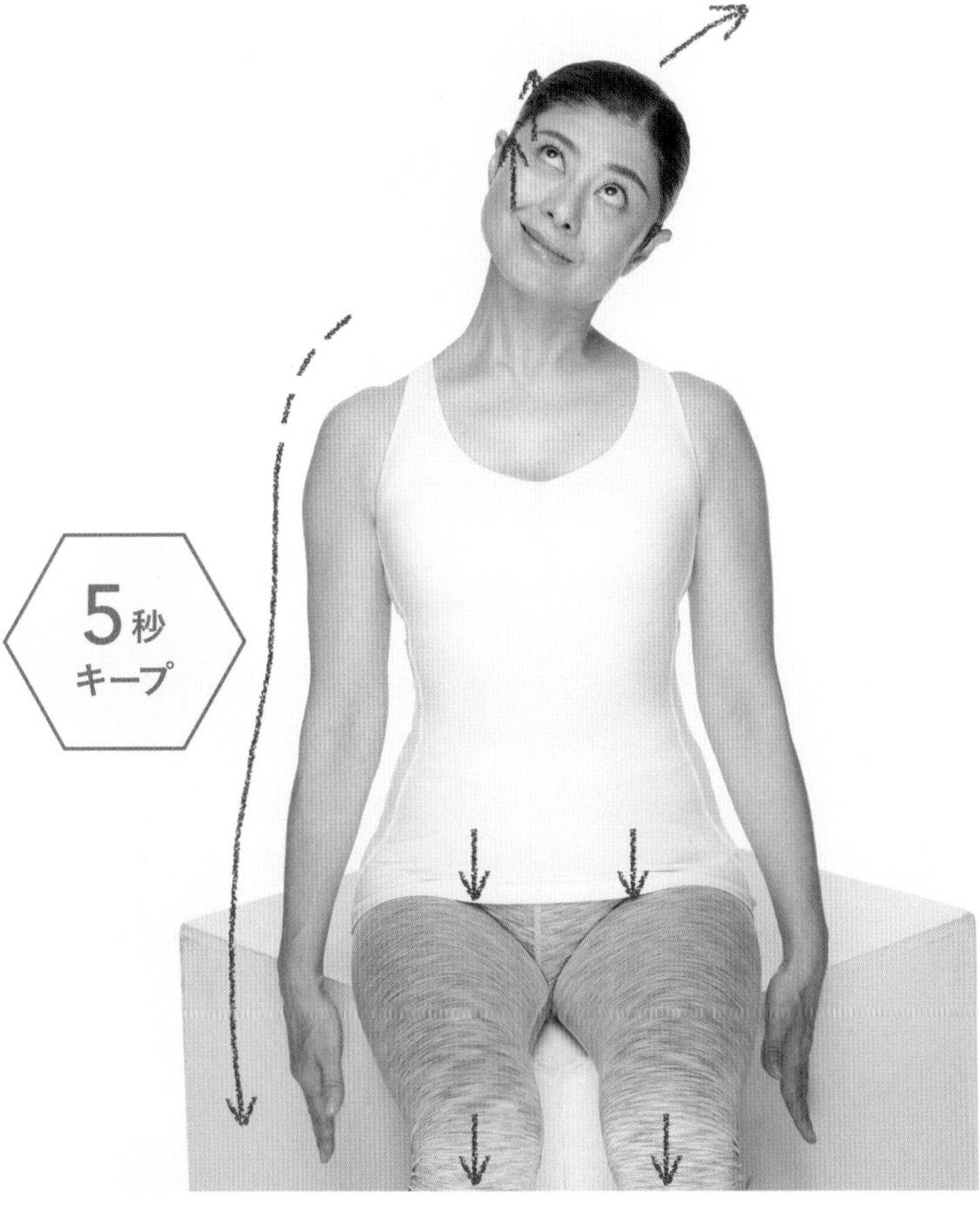

2

下ろした手と引っ張り合うように、
視線と口角を上へ上げて５秒。頭を
元に戻し、目尻と口角が上がってい
るのをチェックしましょう。

ストレス顔解消

顔修正3 ストレスリセット

シワの原因になる顔のこわばりを撃退！

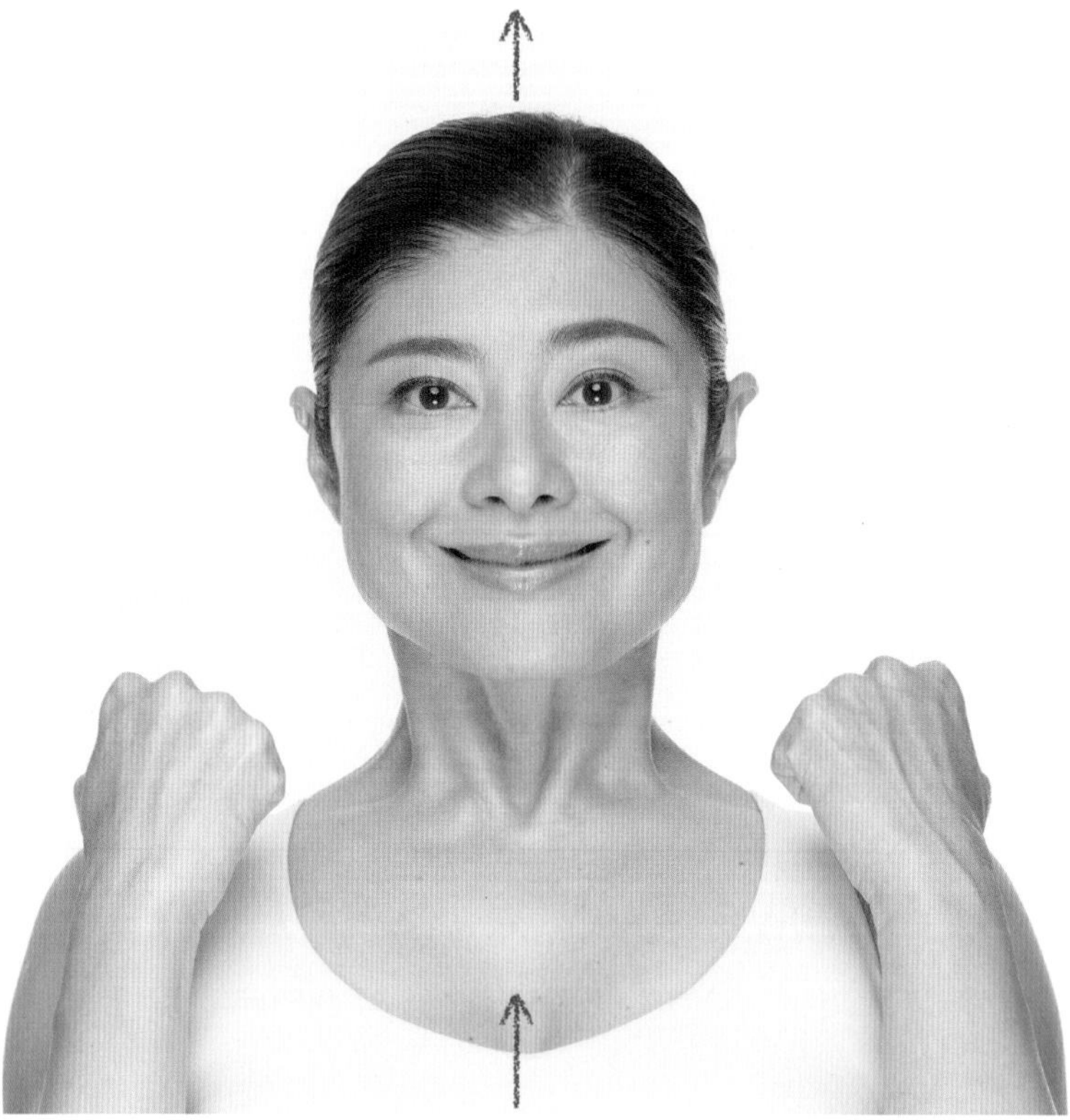

1

両手を握って肘を曲げ、鼻から息を
大きく吸い込みましょう。

NG

顔の左右のバランスが
くずれていると効果は半減

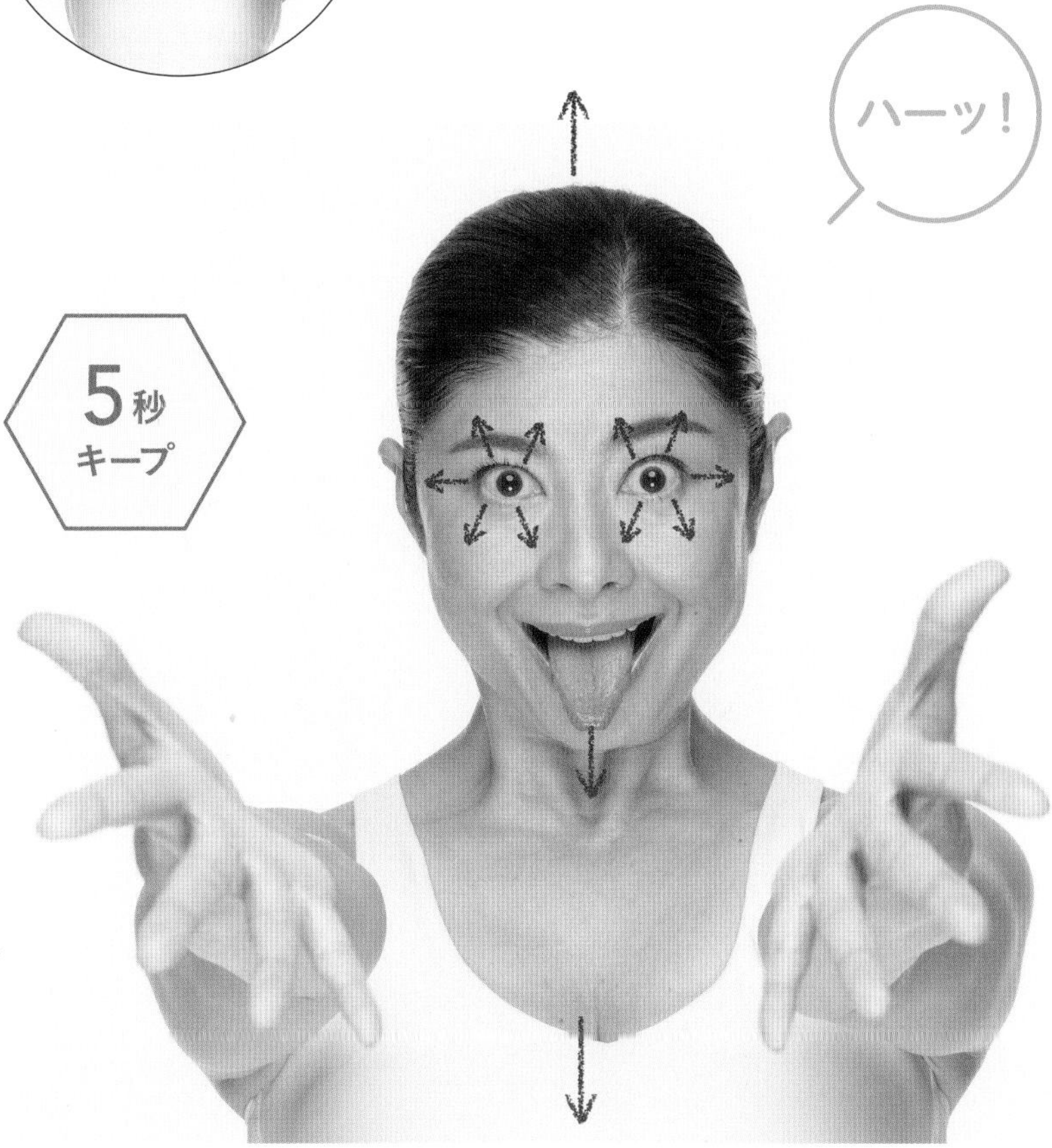

2

手をパッと開いて前へ。目を大きく見開き、舌は真下に伸ばします。「ハーッ！」と息を吐き切ると、心のモヤモヤもスッキリ！

額ジワ解消

顔修正4 前頭筋リセットアイトレスイング

目の開き方を修正して額ジワをリセット

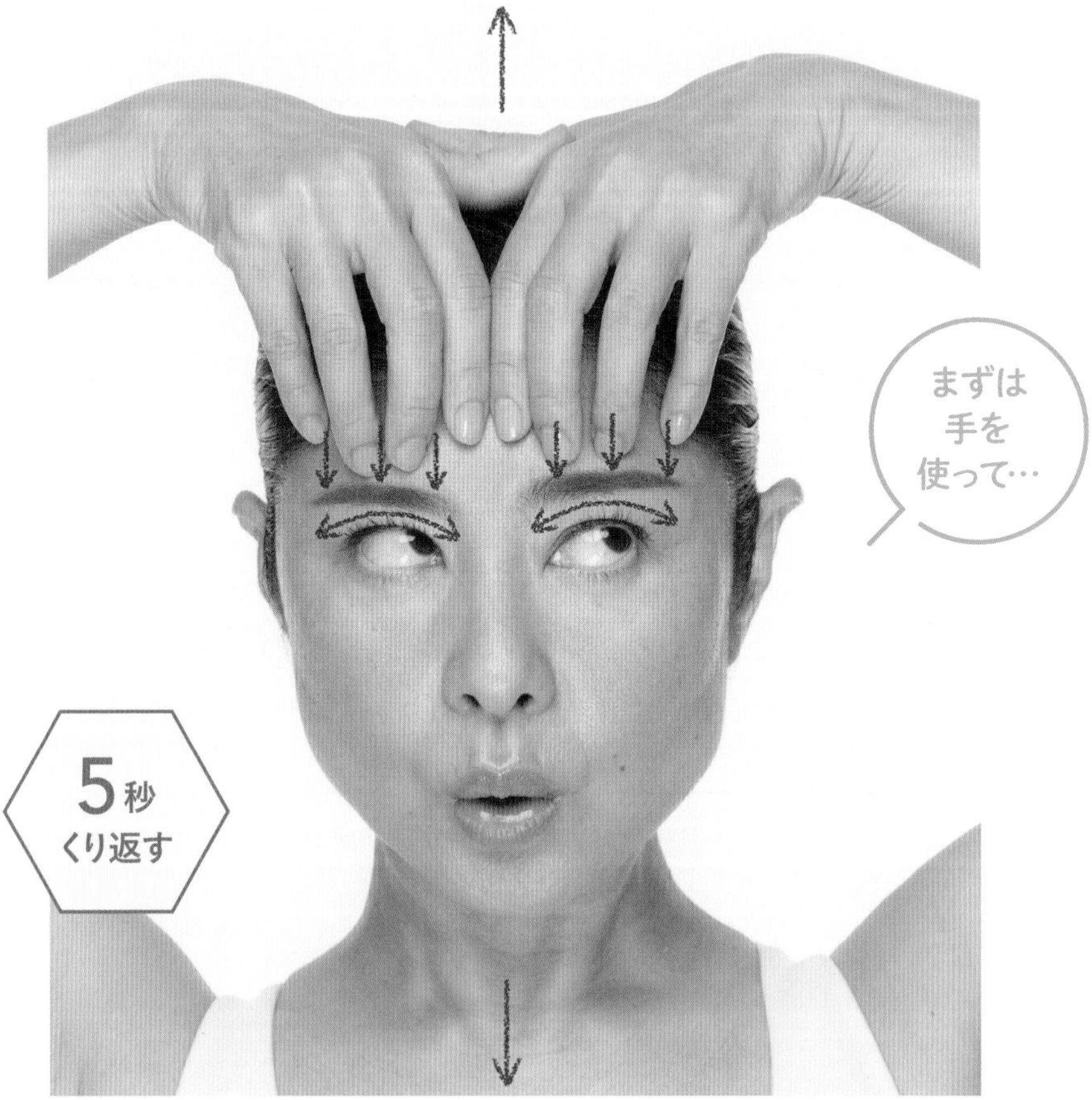

1

両手の指を眉上に当て、額が動かないよう固定。
その状態で、まぶたを使って目をパッチリ開き、
眼球を弧を描くように5往復させましょう。

NG

まだシワが寄るなら、1
に戻って再チャレンジ

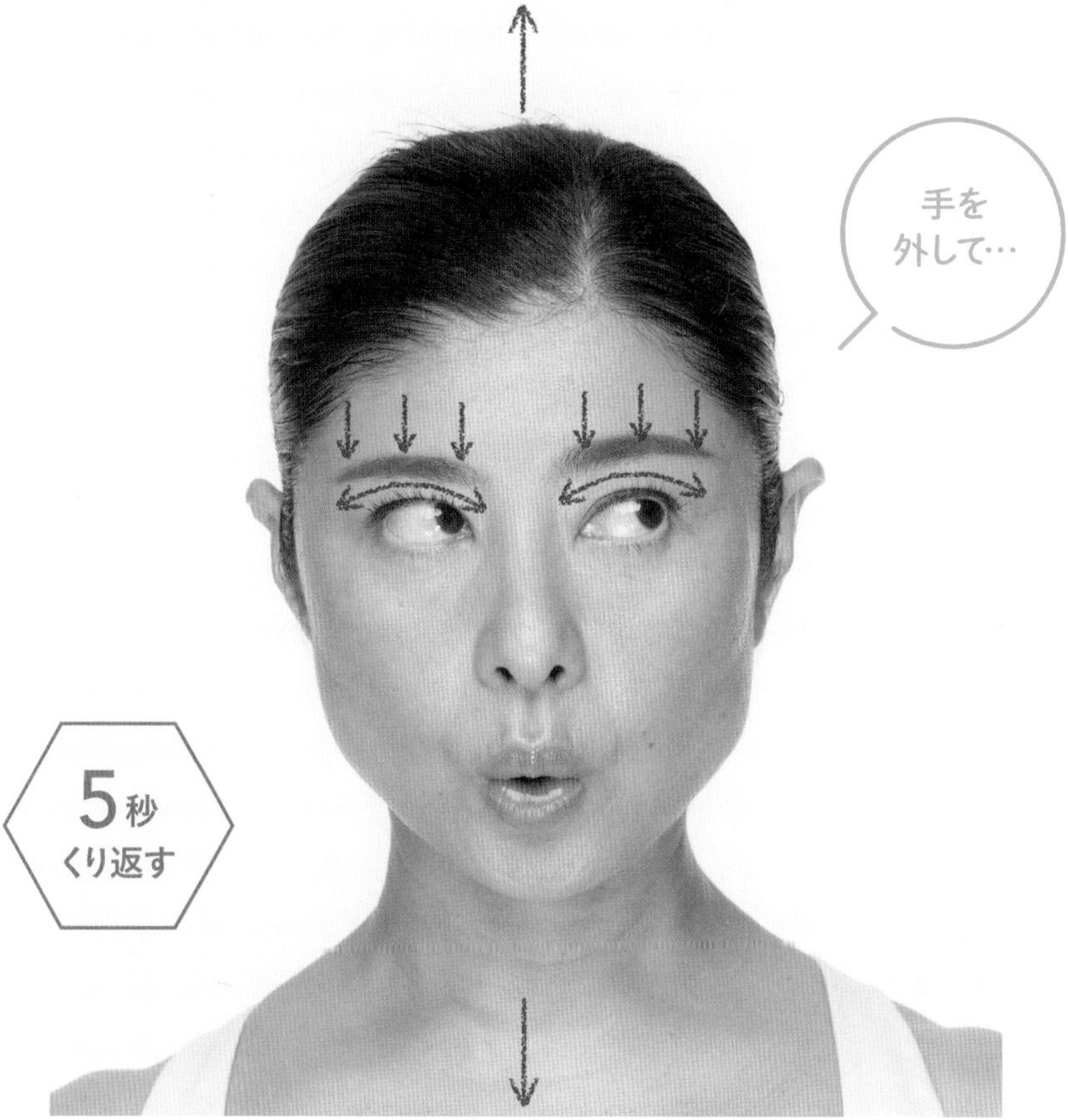

2

指を外して、もう一度目を動かします。額ジワが入らなければ、「額を動かして目を開く」という悪いクセの修正は完了！

眉間のシワ解消

顔修正5 眉ロックリーディング

字を読む時の「眉ひそめグセ」をリセット

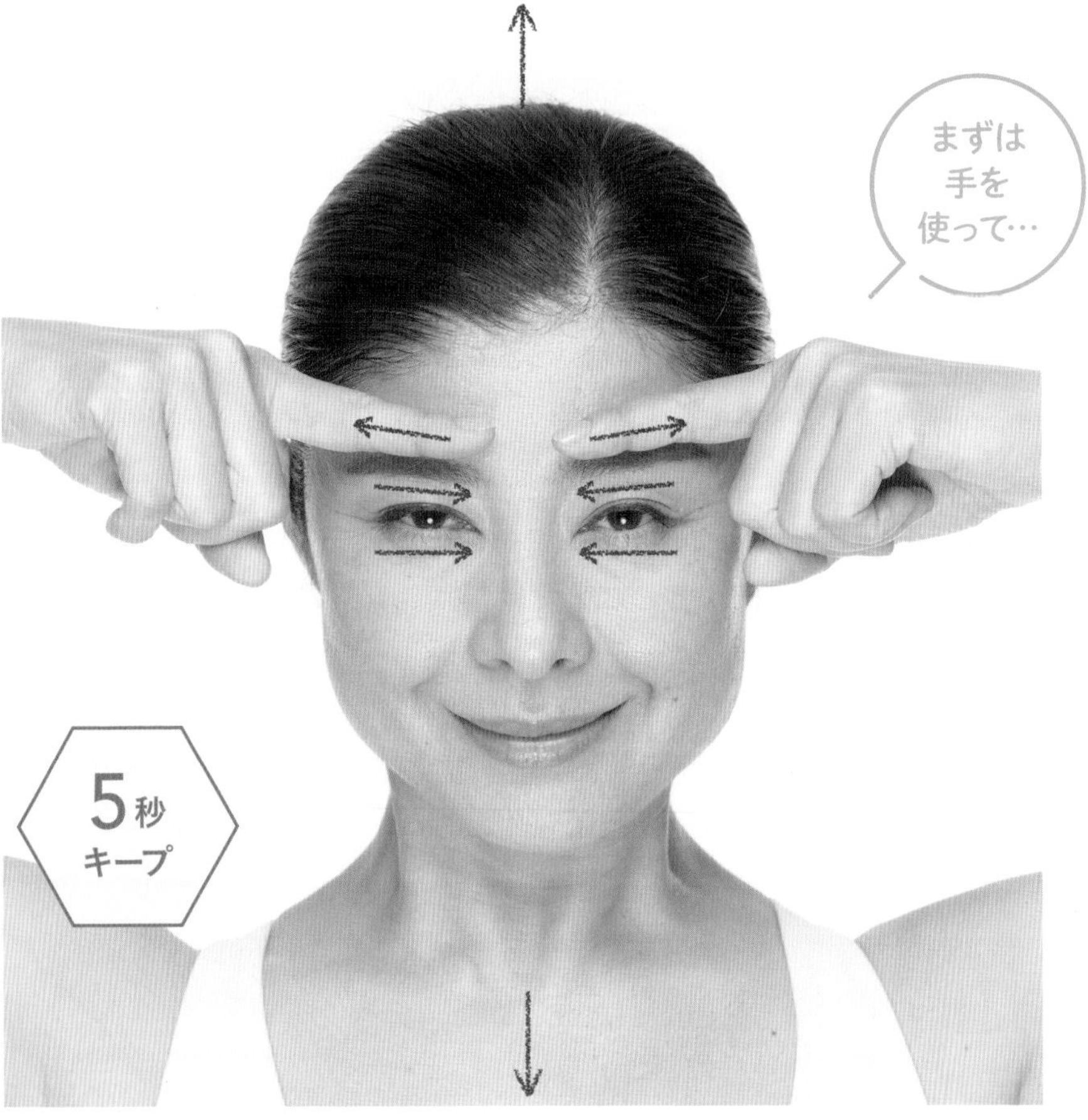

1

人差し指を眉に当てて外側に軽く引きます。そのまま目を細めます。この時、眉間が狭まらないよう、しっかり固定。

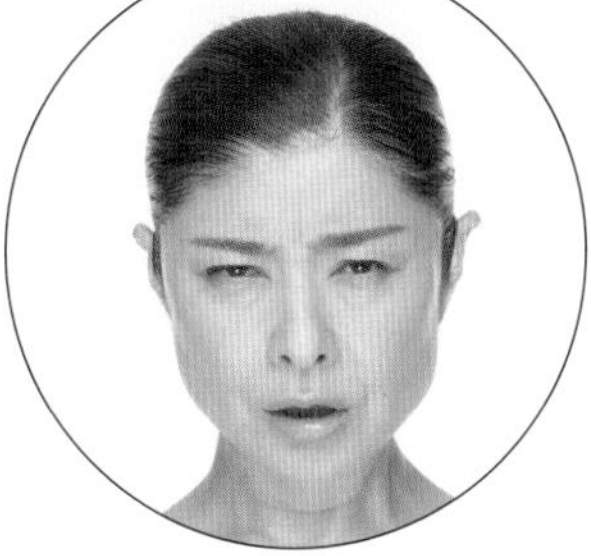

NG

眉と眉が近づく場合は再チャレンジ

手を外して…

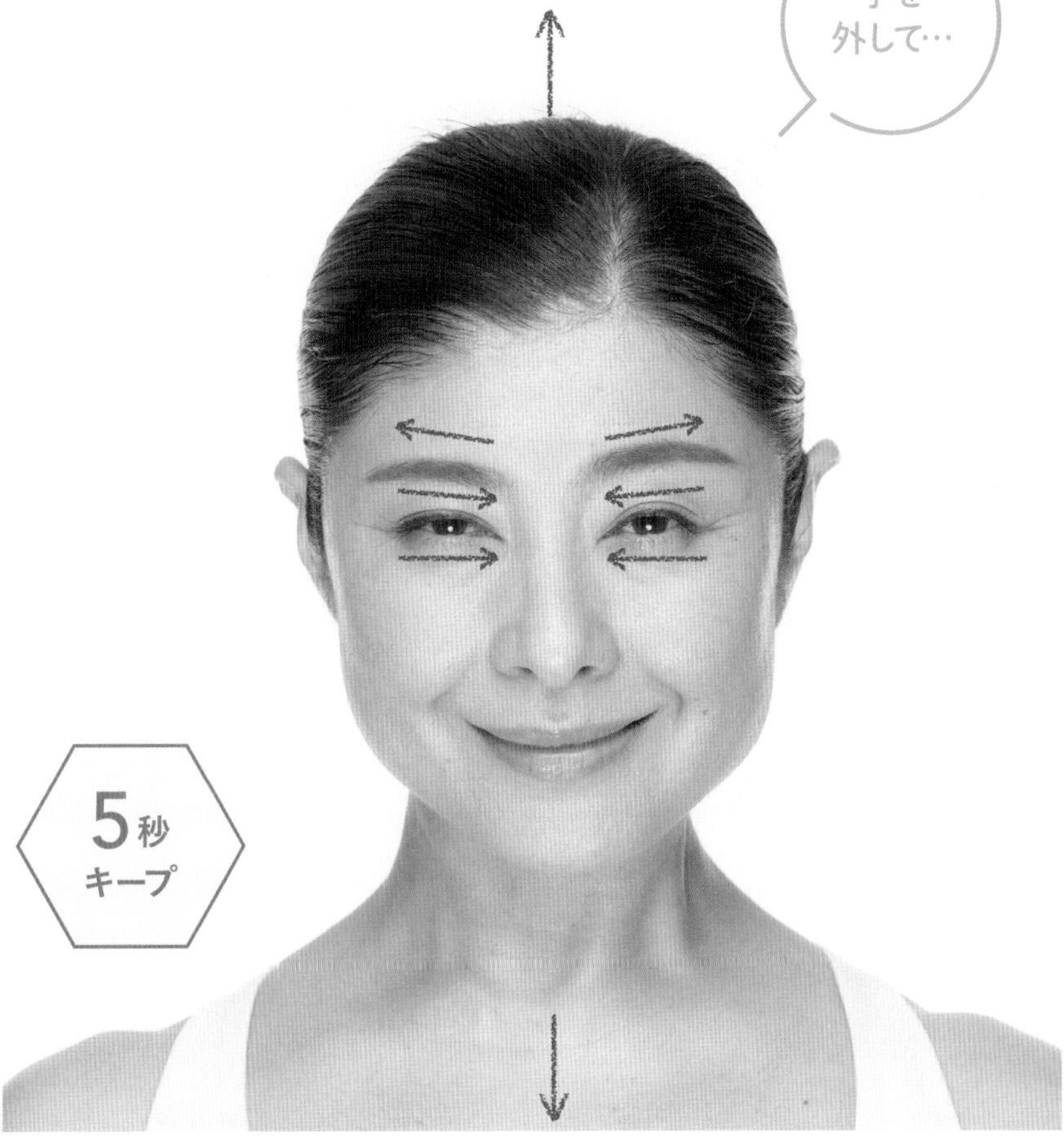

5秒キープ

2

指を外して、もう一度目を細めます。眉間を開いたまま細められたらOK。スマホや新聞を見る時はこの表情を思い出しましょう。

目力UP

顔修正6 アイトレ

目を大きくしたいなら、まぶたを鍛えよう

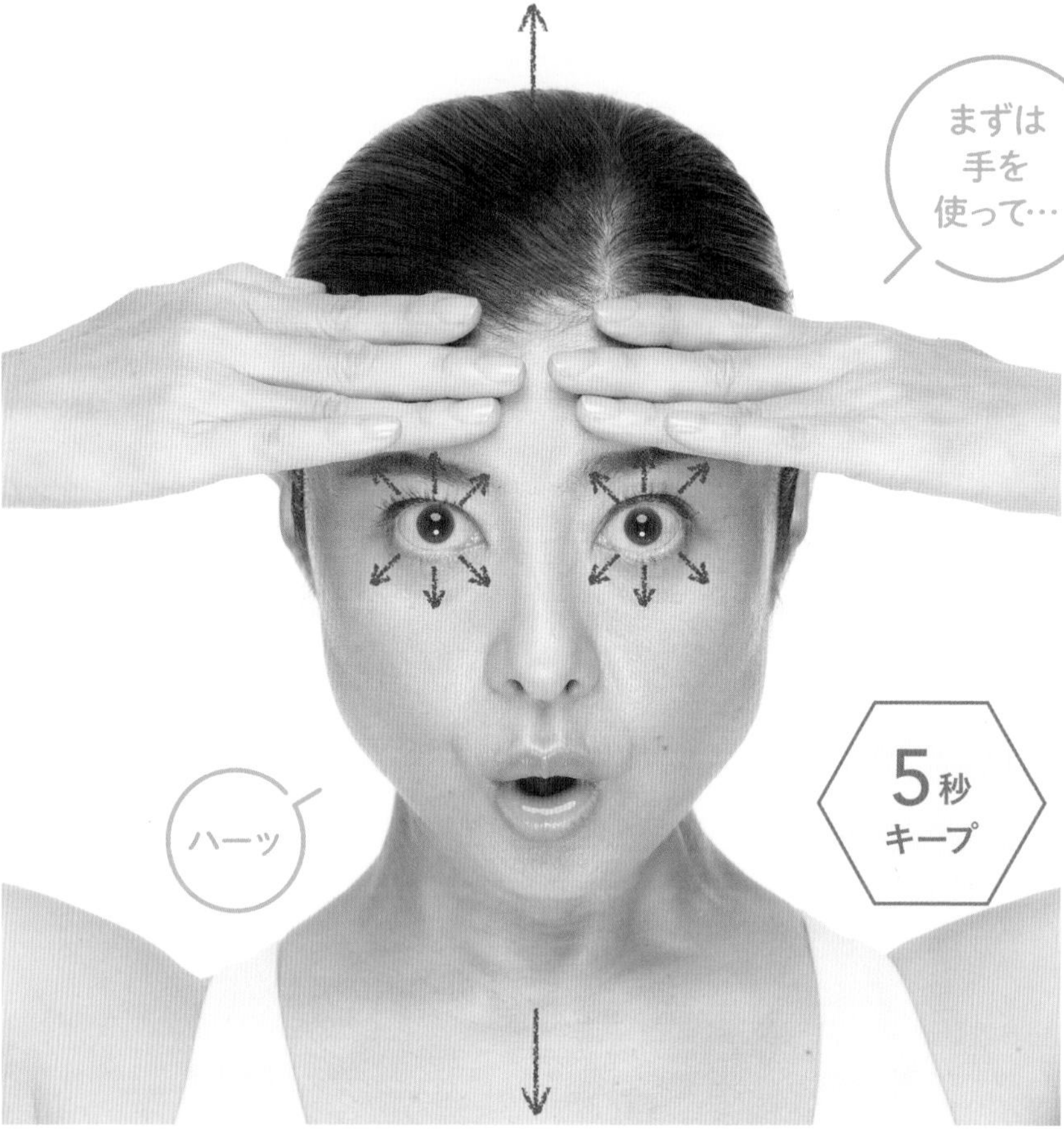

1

両手を額に当てて鼻から息を吸い、「ハーッ」と吐きながら目を大きく開きましょう。額を使わず、まぶたを「奥に引く」のがコツ。

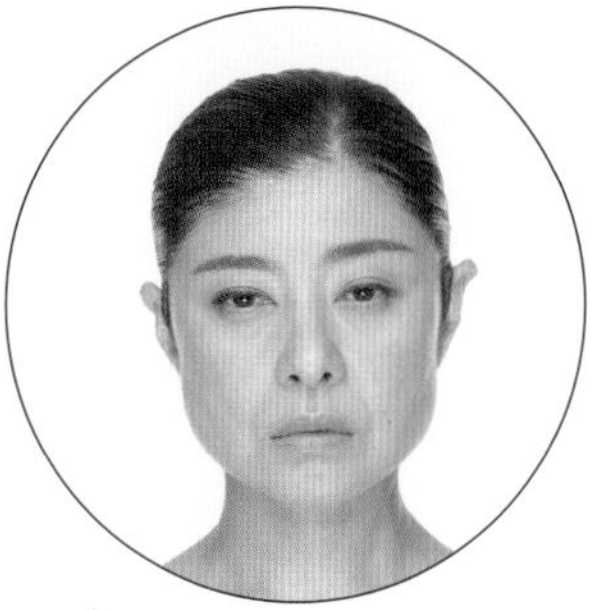

NG

まだボンヤリした
目なら、もう一度

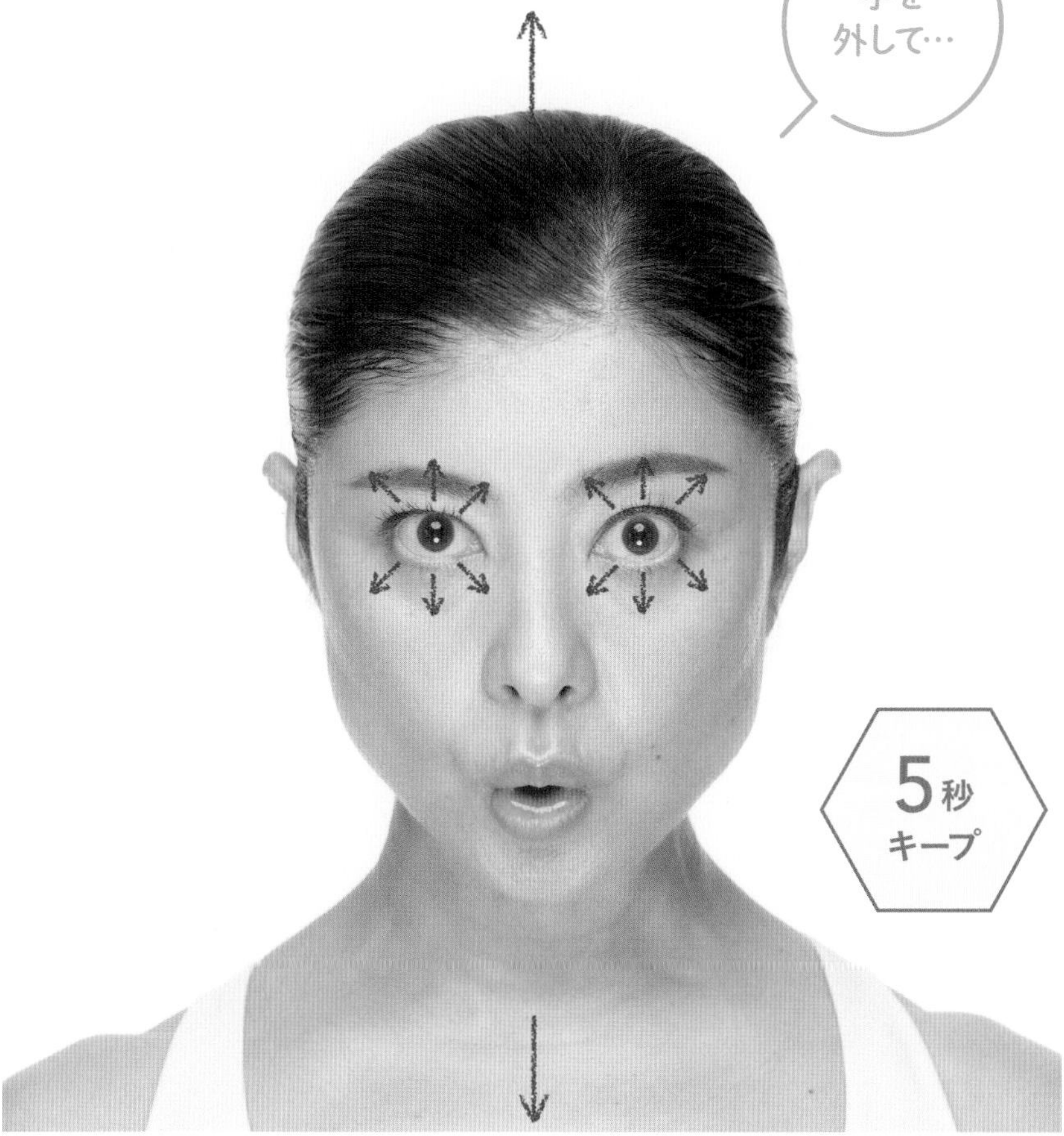

2

手を外した後も、目が大きく開けば「上眼瞼挙筋」がきちんと使えているしるし。一日数回行うだけで筋力がしっかりついてきます。

目のまわりのたるみ・むくみ・落ち窪み解消

顔修正7 まぶたストレッチ

「目のまわりの筋肉」強化でむくみ・クマを撃退

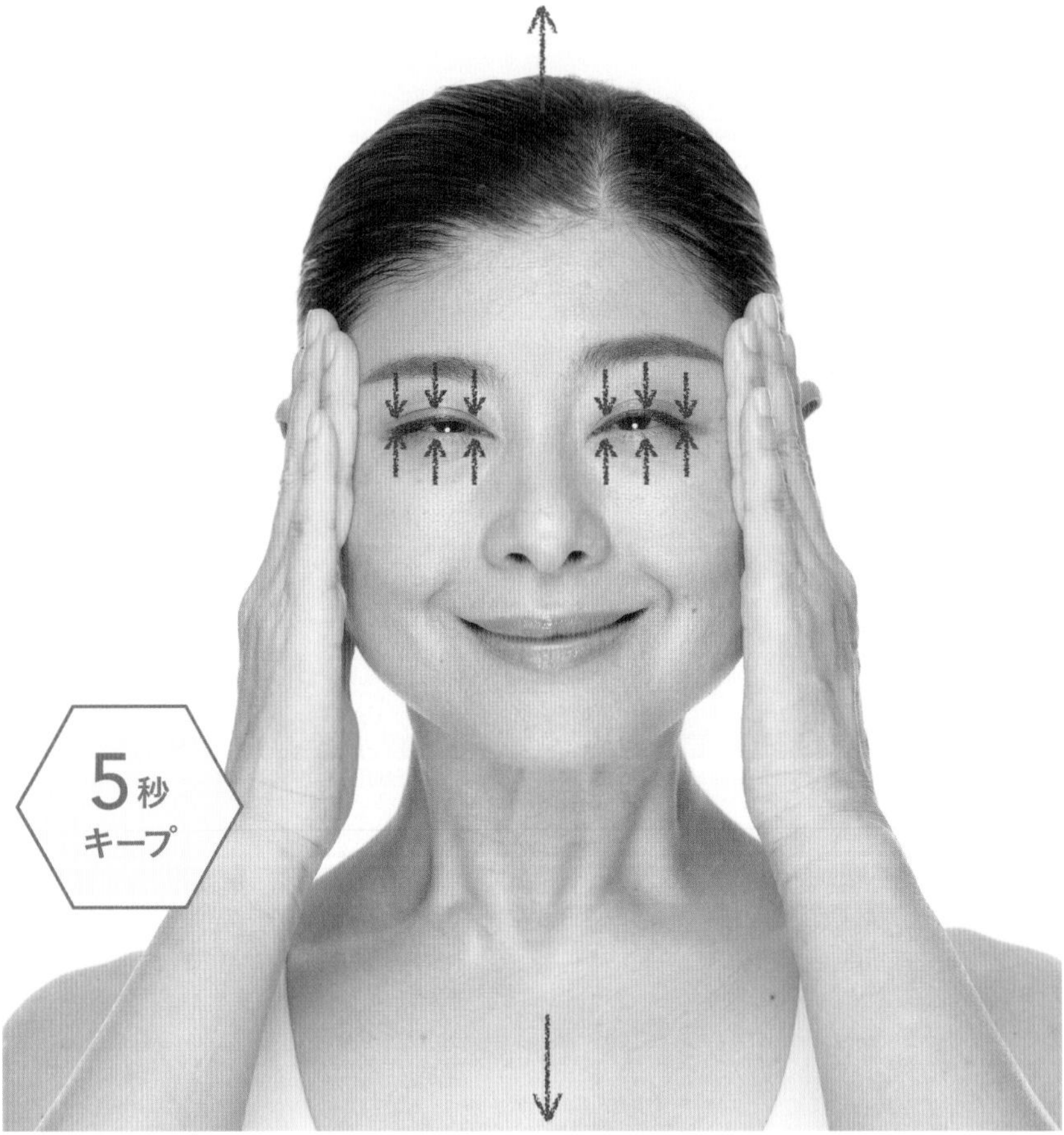

5秒
キープ

1

目尻に手を当てて、軽く外側に引いて目を細めます。目のまわりの筋肉が緊張するのを感じながらキープします。

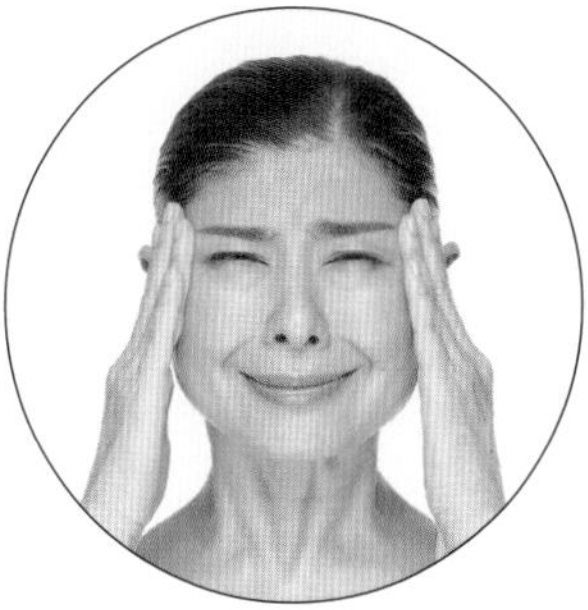

NG

目を細める時、眉間に
シワが寄らないように

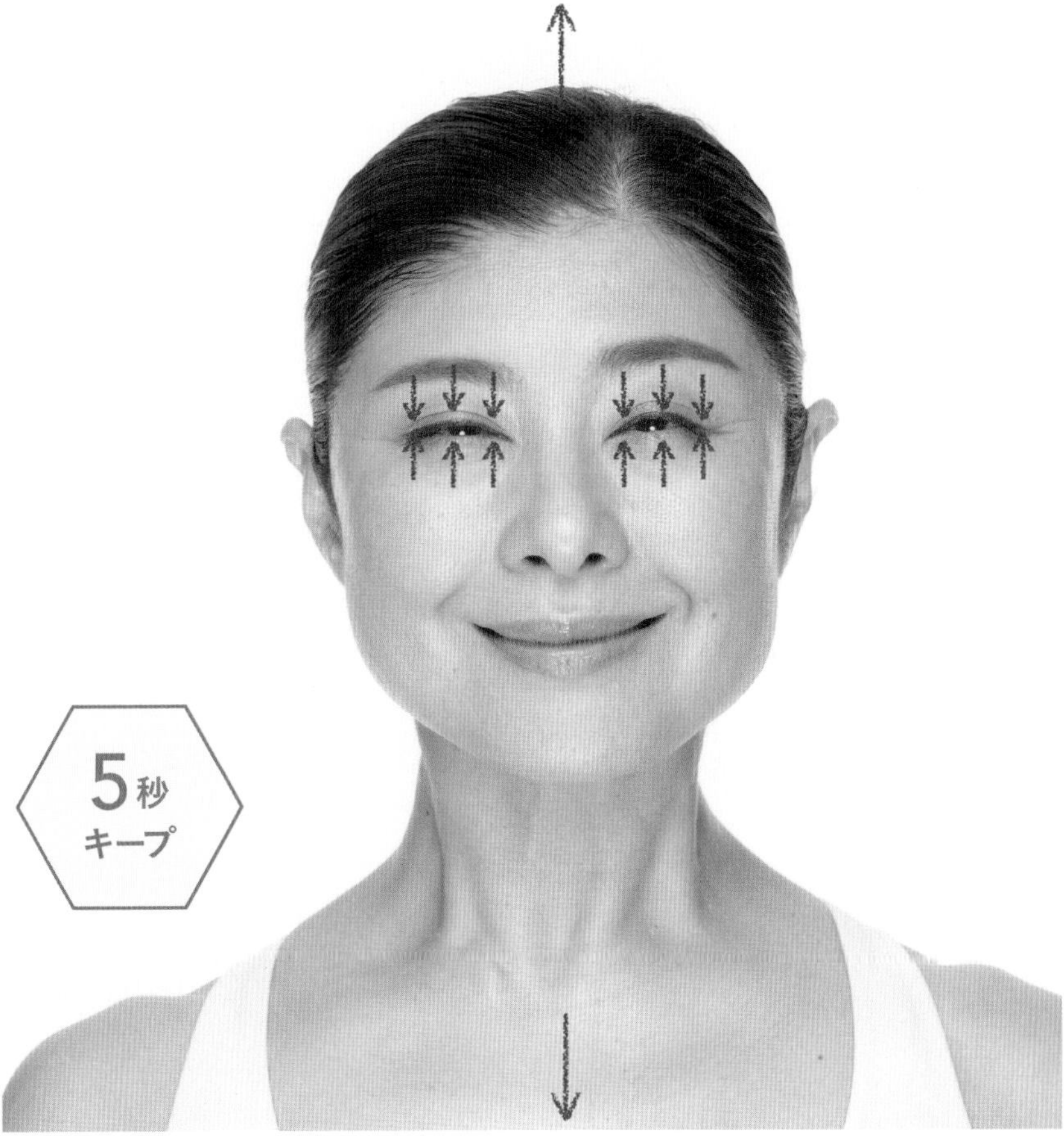

5秒
キープ

2

手を外して、もう一度目を細めます。目のまわりの筋肉が緊張すれば合格です。下まぶたを動かせば目の下のたるみやクマも改善。

目のまわりの笑いジワ解消

顔修正8 眼輪筋ロックスマイル

目のまわりにシワを入れずに笑顔全開になれる！

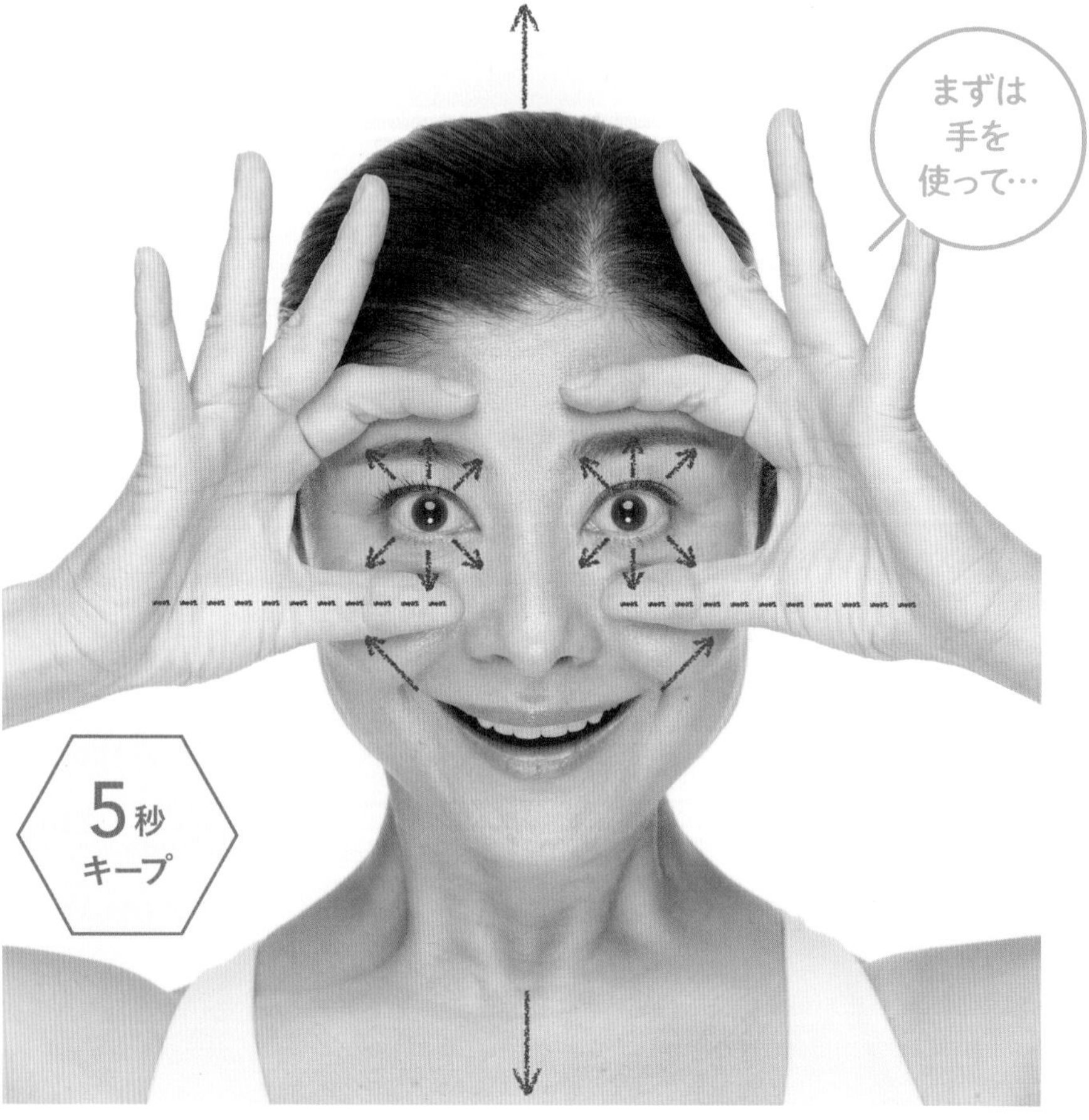

1

人差し指で眉上を、親指で目の下の眼輪筋も固定。シワが寄らないようガードしたまま目を大きく開き、頬を上げて笑いましょう。

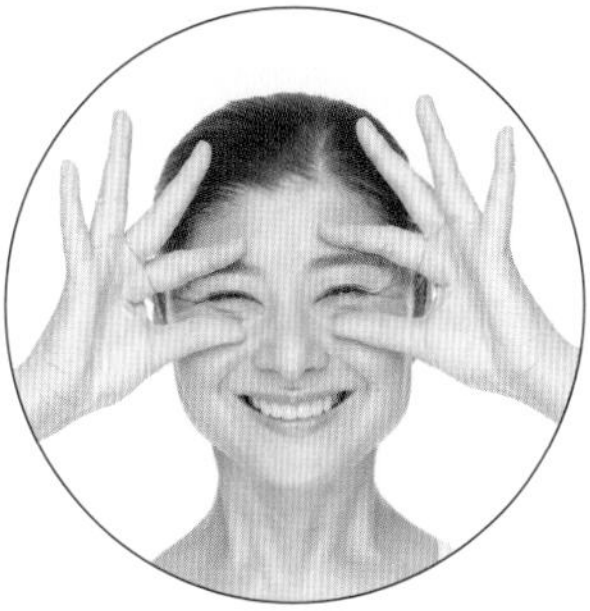

NG

頬に押されて目が細
くならないように

手を
外して…

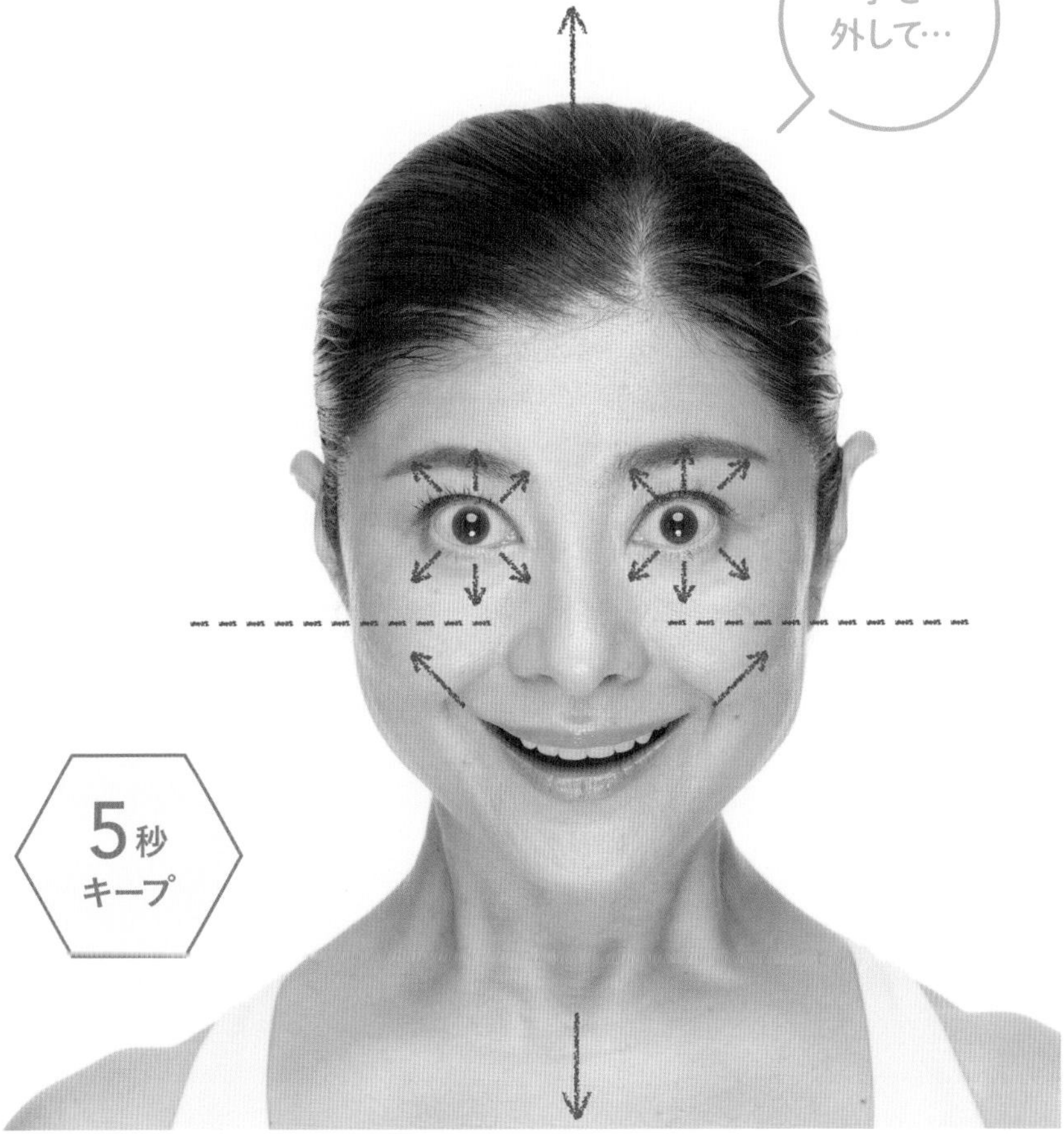

5秒
キープ

2

手を外し、同様に目を大きく開いてスマイル。上の歯が8本見えるくらい頬を上げても目元にシワが寄らなければOK！

頬のたるみ解消・立体顔づくり

顔修正9 フェイスシャープ

垂れ頬＆のっぺり顔はこれで解決

1

口角を上げ、上の歯を見せてスマイル。下から両手で頬を持ち上げ、笑顔のままアゴの力をフッと抜いて、5秒キープ。

NG

口角を上げず、横に引いてあご
笑いになると「垂れ頬」に

手を
外して…

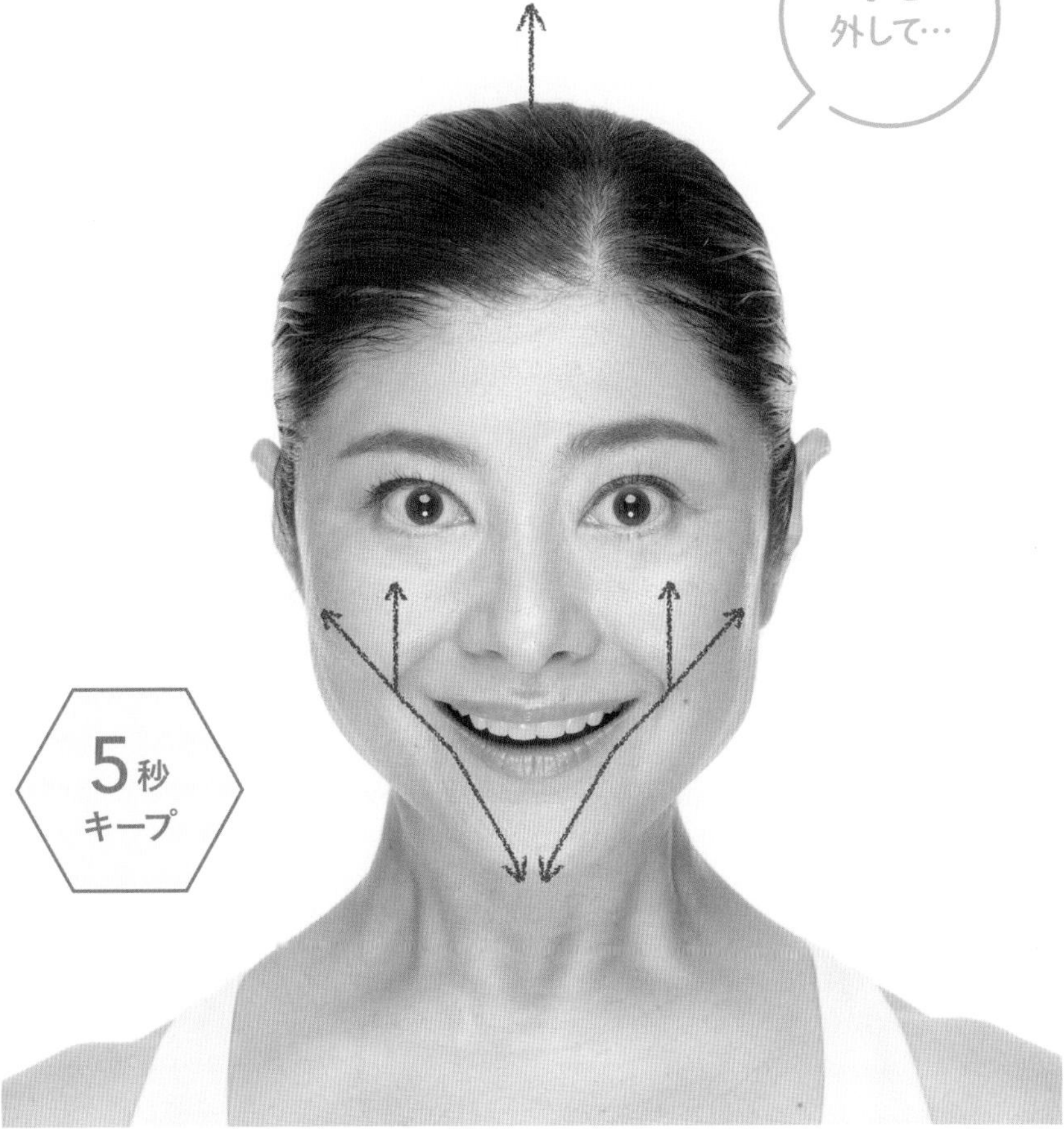

2

手を外してさらに5秒。頬の形が1と一緒なら、
大頬骨筋が使えている証拠。頬を斜め上に上げ、
両頬とアゴの先で逆三角形にするイメージで。

マリオネットライン解消

顔修正10 アゴロックチークスマイル

アゴまわりの緊張&「アゴ笑いグセ」をリセット

1

両手でアゴをつまみ、ぐっと手前に引きます。おへその下に力を込め、首の後ろを伸ばします。目線は上、口角と頬も上げましょう。

NG
口角を「横に」引くとアゴ笑いに

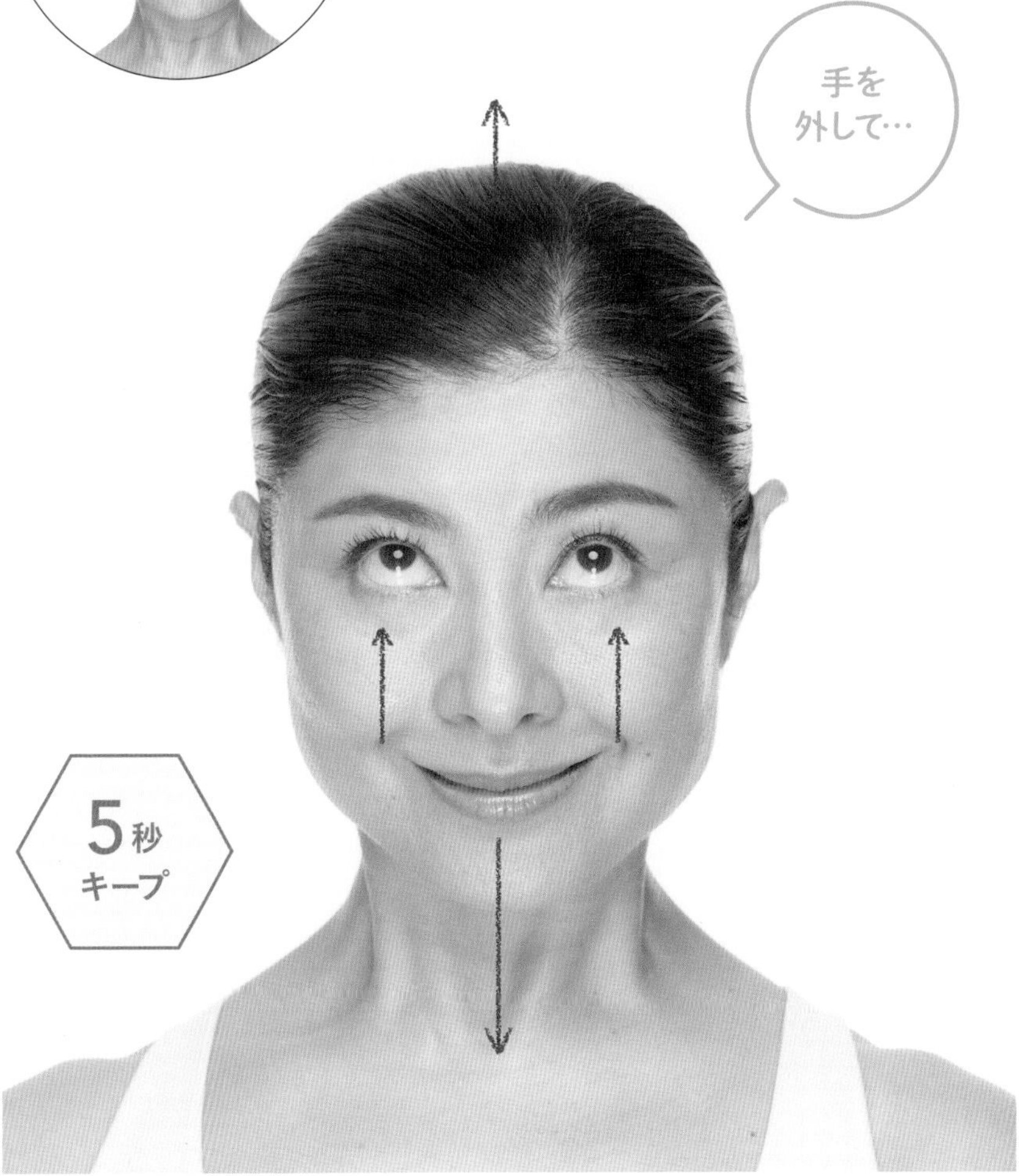
手を外して…
5秒キープ

2

そのまま手を外します。同じように口角が上がっていれば合格。笑う時、口角挙筋を使って口角を「上に」上げる感覚を覚えましょう。

口のまわりのたるみ解消

顔修正11 ウートレ

口輪筋と頬筋を鍛えて口元をキリッと

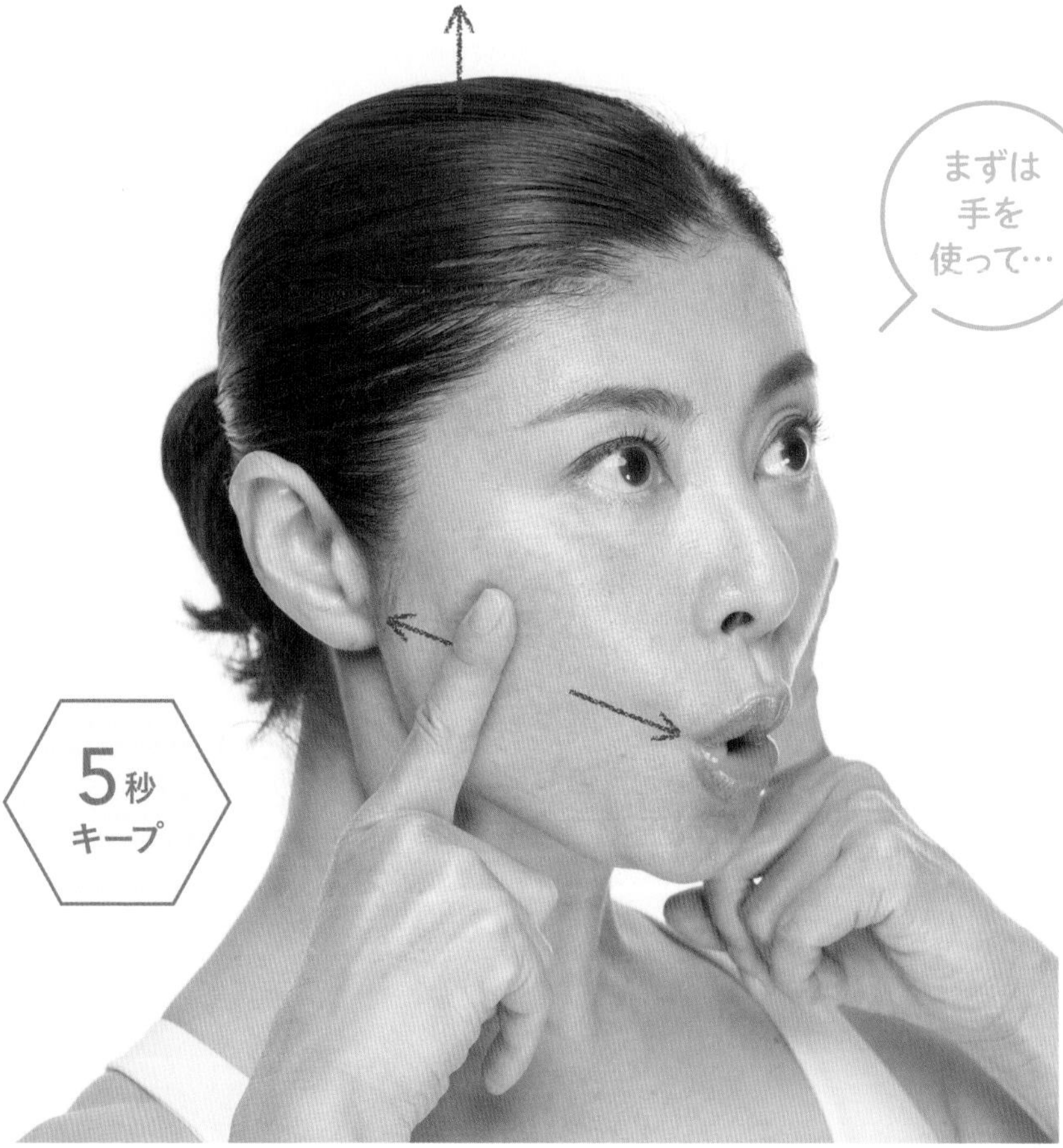

1

人差し指を口の両サイドに当て、外側に引きながら唇を前に尖らせます。口のまわりと頬が引っ張り合うことを確かめながら5秒。

NG

頬がポヨポヨのまま
では×

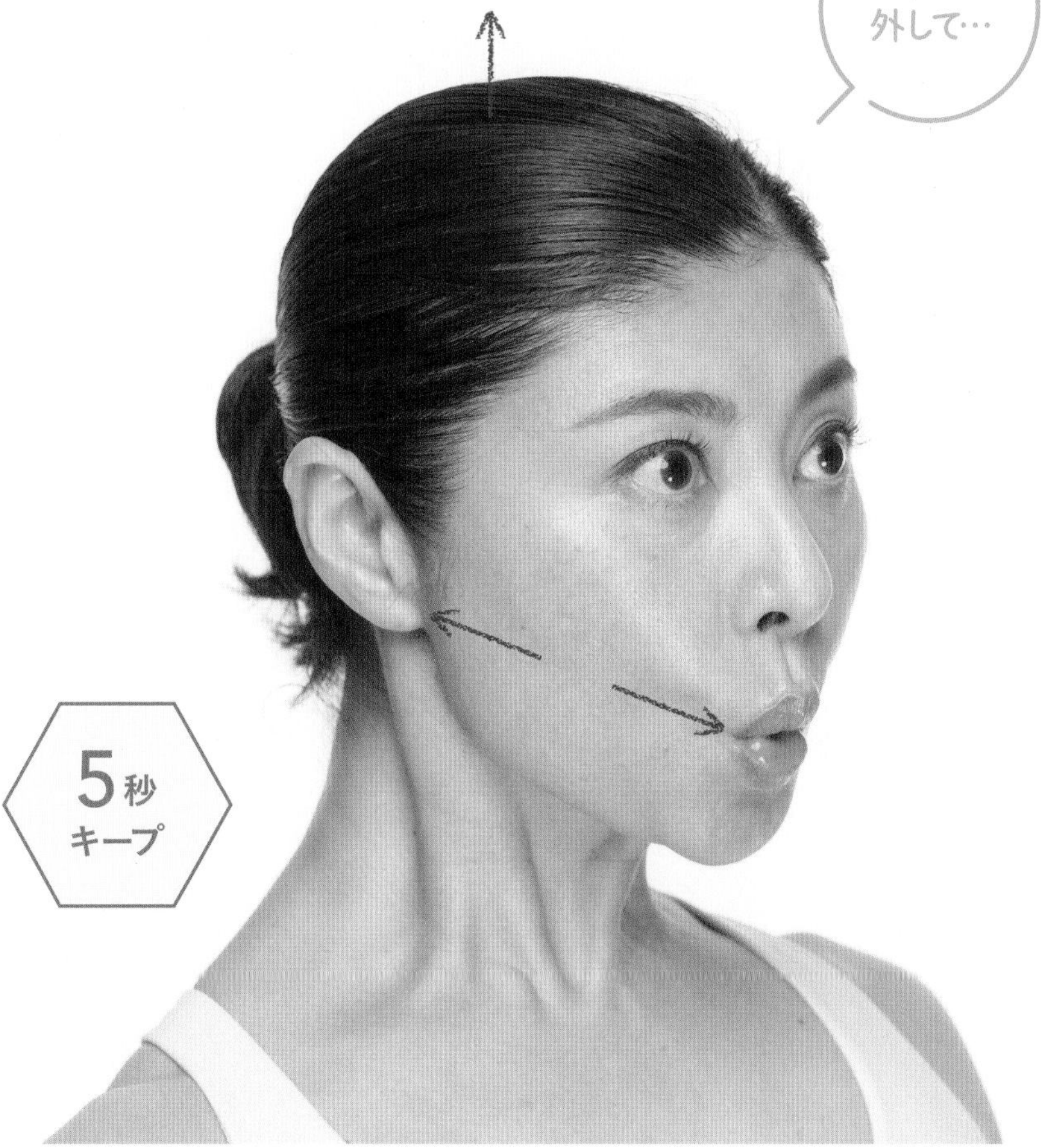

2

今度は、手を外して5秒。同じように頬に力が入っていればOK。口元だけでなく頬全体もスッキリします。

ほうれい線修正

顔修正12 口輪筋プッシュ withハンド

内側からほうれい線をシワ伸ばし

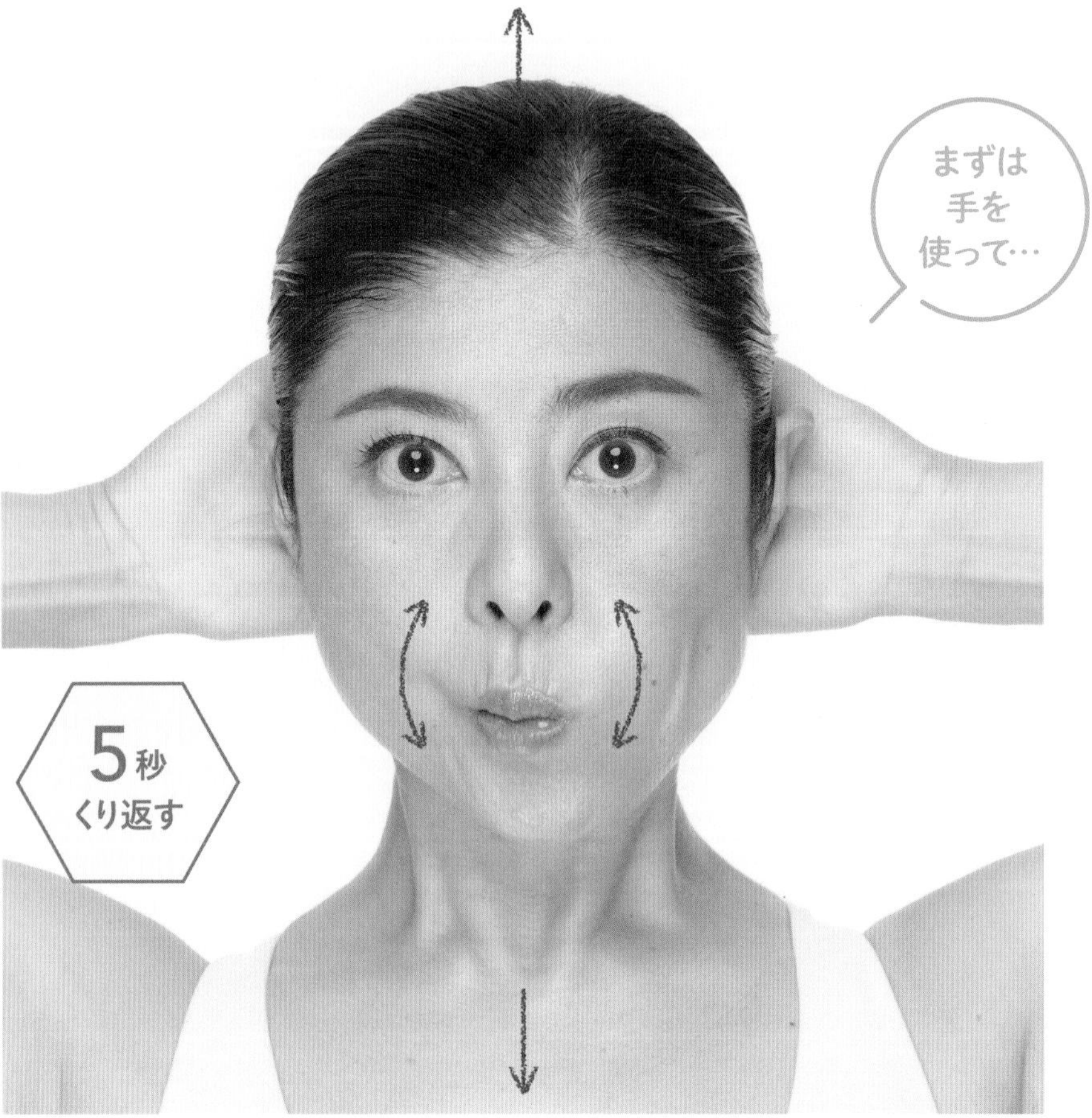

1

舌でアイロンをかけるように右のほうれい線と左のほうれい線を交互にプッシュ。アゴが出ないよう、後頭部に手を当てます。舌と首が「引っ張り合う」感覚で。

NG

アゴを突き出すと負荷
がかからず効果減

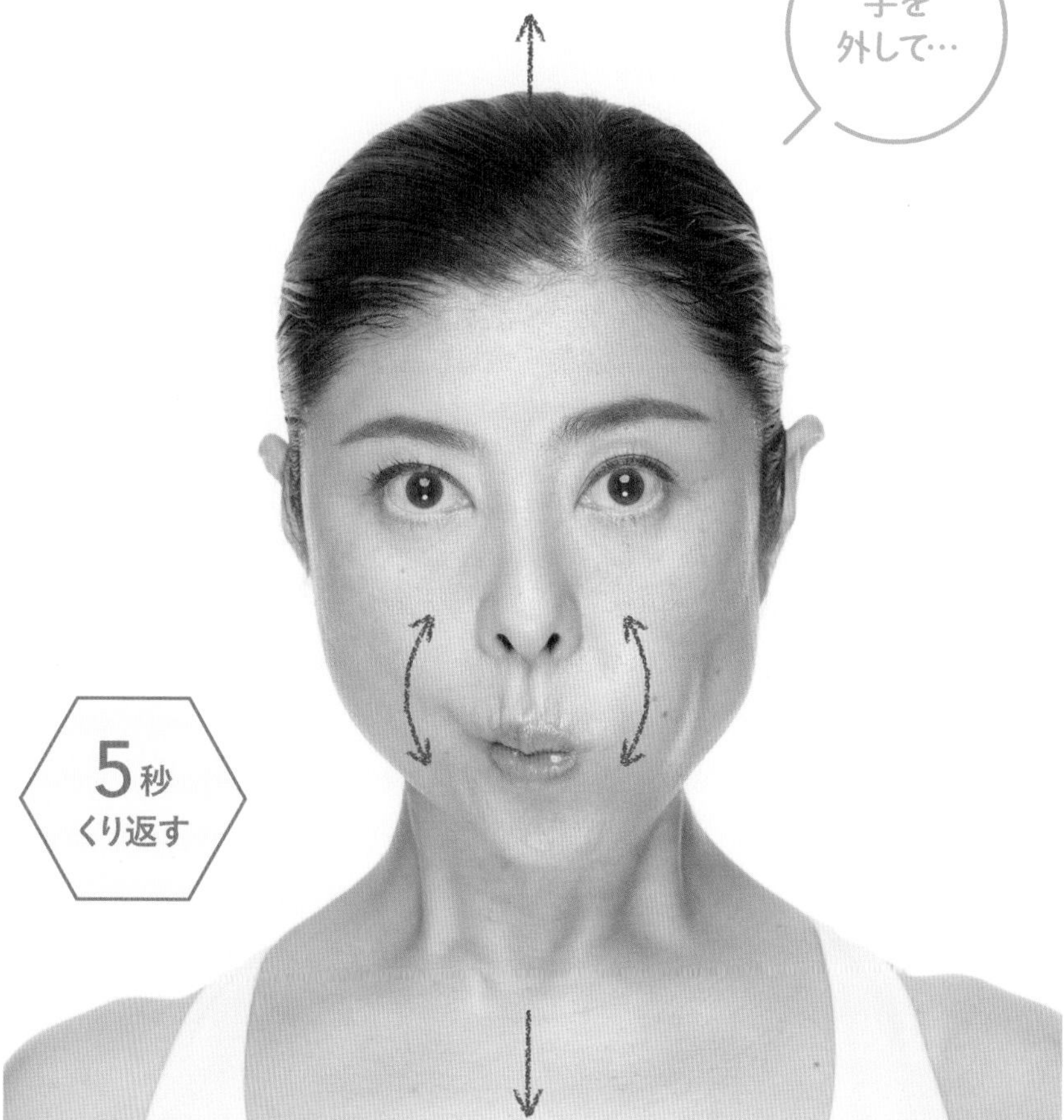

5秒
くり返す

2

手を外して、さらにアイロン。アゴは引いたまま、
首の後ろを伸ばします。

鼻筋を通す

顔修正13 鼻ストレッチ

鼻まわりを運動させると見た目もスッキリ

1

小鼻を指でつまみ、下に引きます。口を「ウ」から「ホ」にします。

NG

額にシワが寄らないよう注意！

5秒キープ

2

「ホ」の口と、上に向けた目線で、鼻がしっかり上下に伸びていることを感じながら5秒。毎日続けると、鼻まわりの余分な肉がなくなり、鼻筋がスーッと通るようになります。

鼻下の伸び解消・立体唇づくり

顔修正14 リップトレwithペン

口輪筋を鍛えて、鼻の下をキュッと短く！

1

鼻の下にペンを当て、上唇をめくり上げるように。鼻の下の皮膚がペンにしっかり巻き付いているのを確認しましょう。

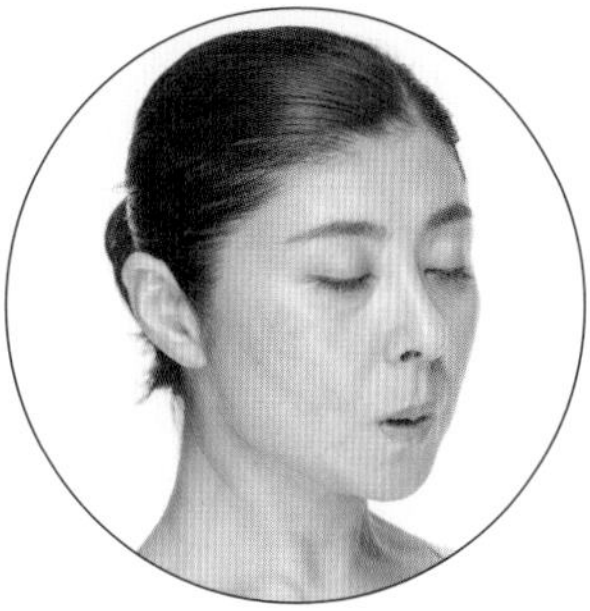

2

ペンを外して、同じ口になっていれば合格。
毎日続けると、鼻の下がキュッと縮む上に、
唇もプルンプルンに。

口のまわりのたるみ解消

顔修正15 ウートレラウンド

口のまわりスッキリ、フェイスラインもシャープに

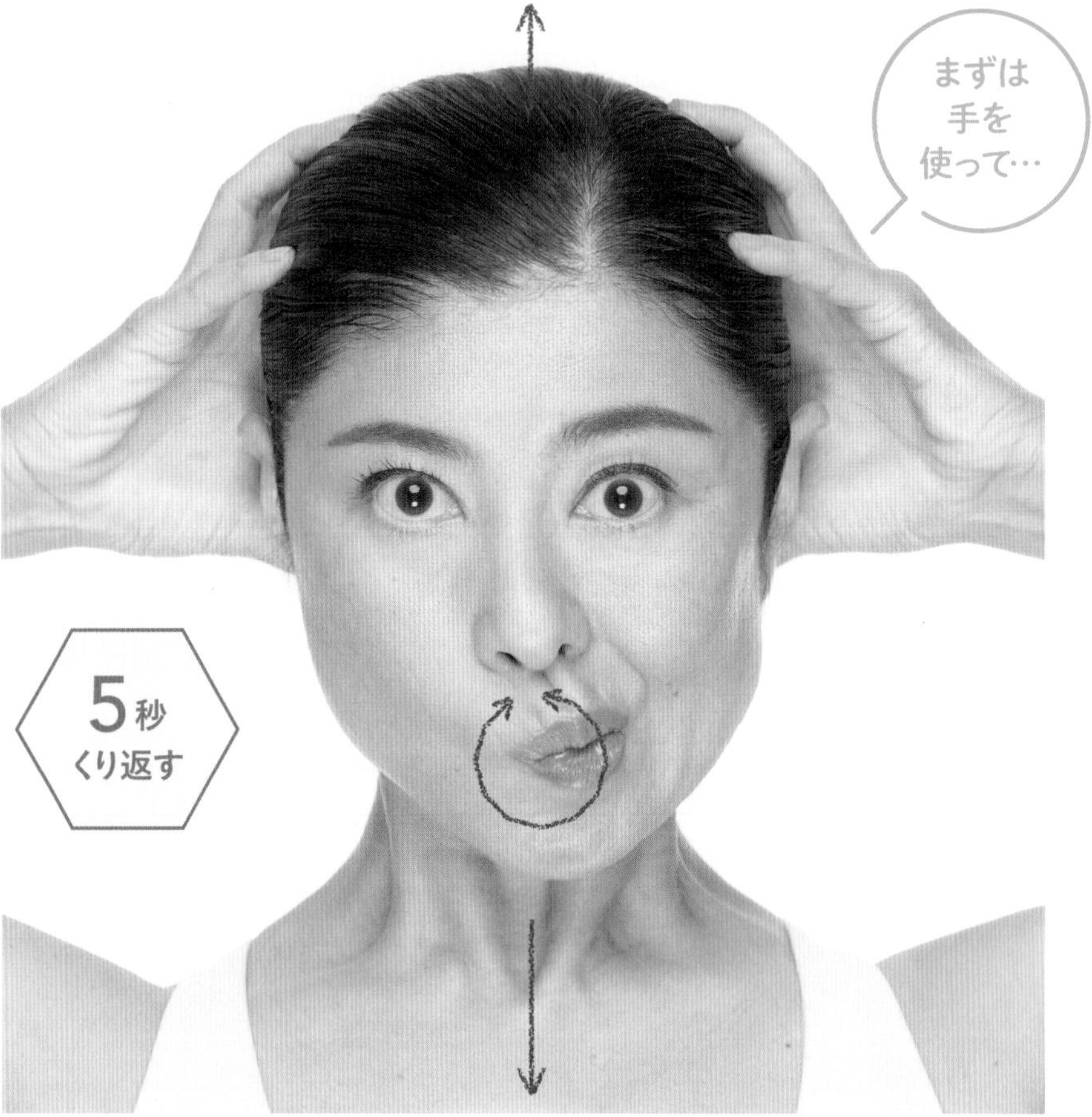

1

後頭部に手を添え、頭が動かないよう固定。唇をすぼめて前に突き出し、そのまま右回転、左回転。これを5秒くり返します。

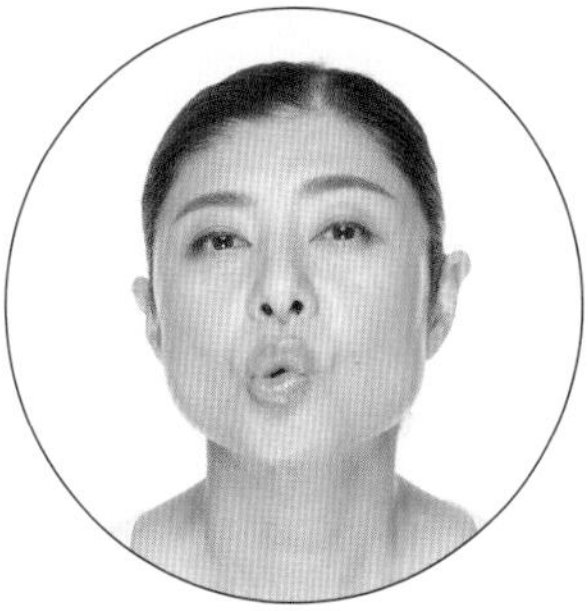

NG

アゴが前に突き出て
口が緩んでいます

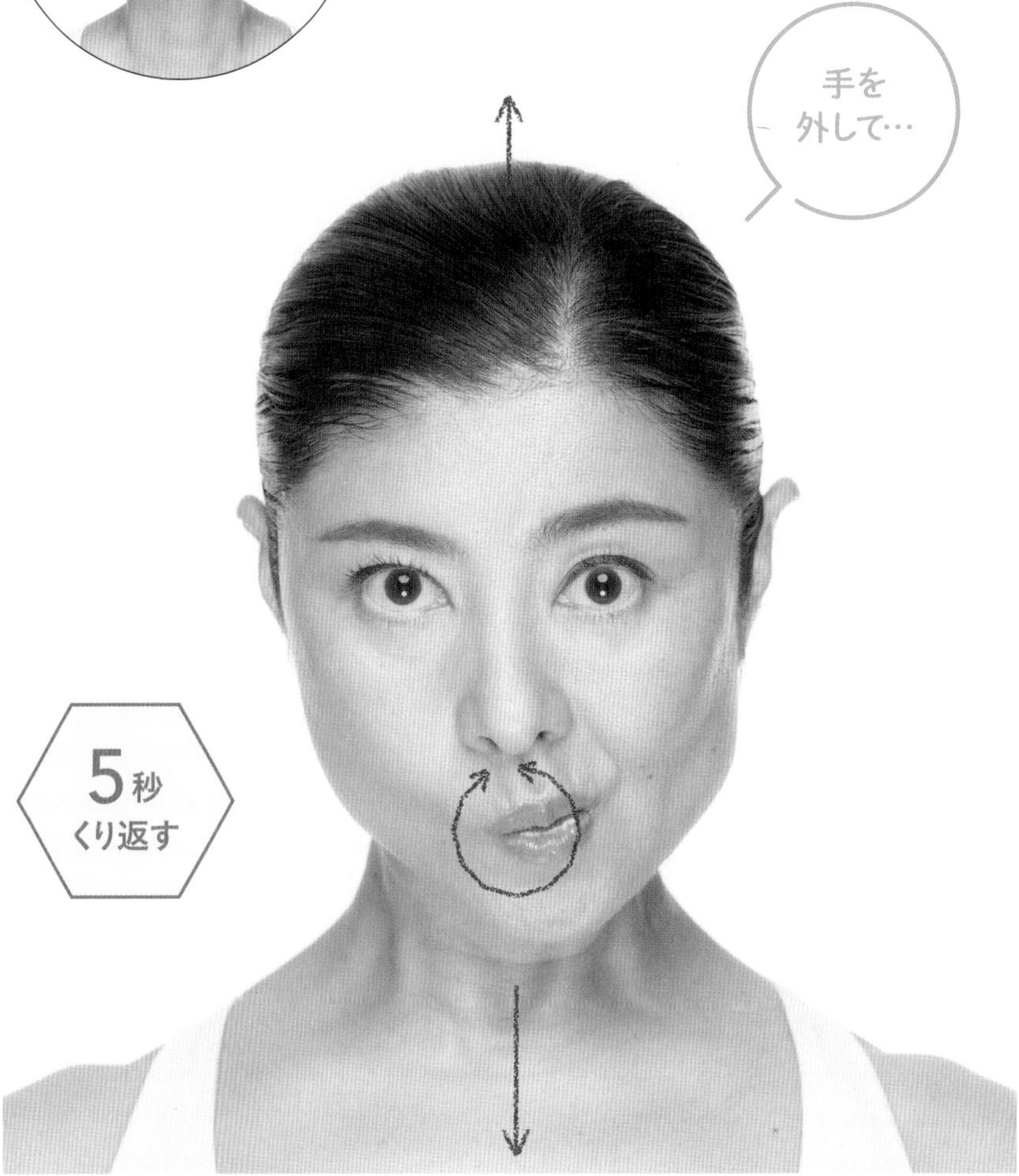

2

手を外して、同様に唇を動かします。頭を動かさず、唇だけスムーズに動けばOK。続けていると確実に顔が引き締まります。

梅干しジワ解消

顔修正16 オトガイ筋ロック

アゴを緩める練習で、ポツポツを解消

1

口のまわりの力を抜いて、アゴをつまみます。唇を「ウ」にしても、アゴの「オトガイ筋」に力が入らないようにしましょう。

NG

話をしている時に唇をつぼめて
アゴに力を入れると×

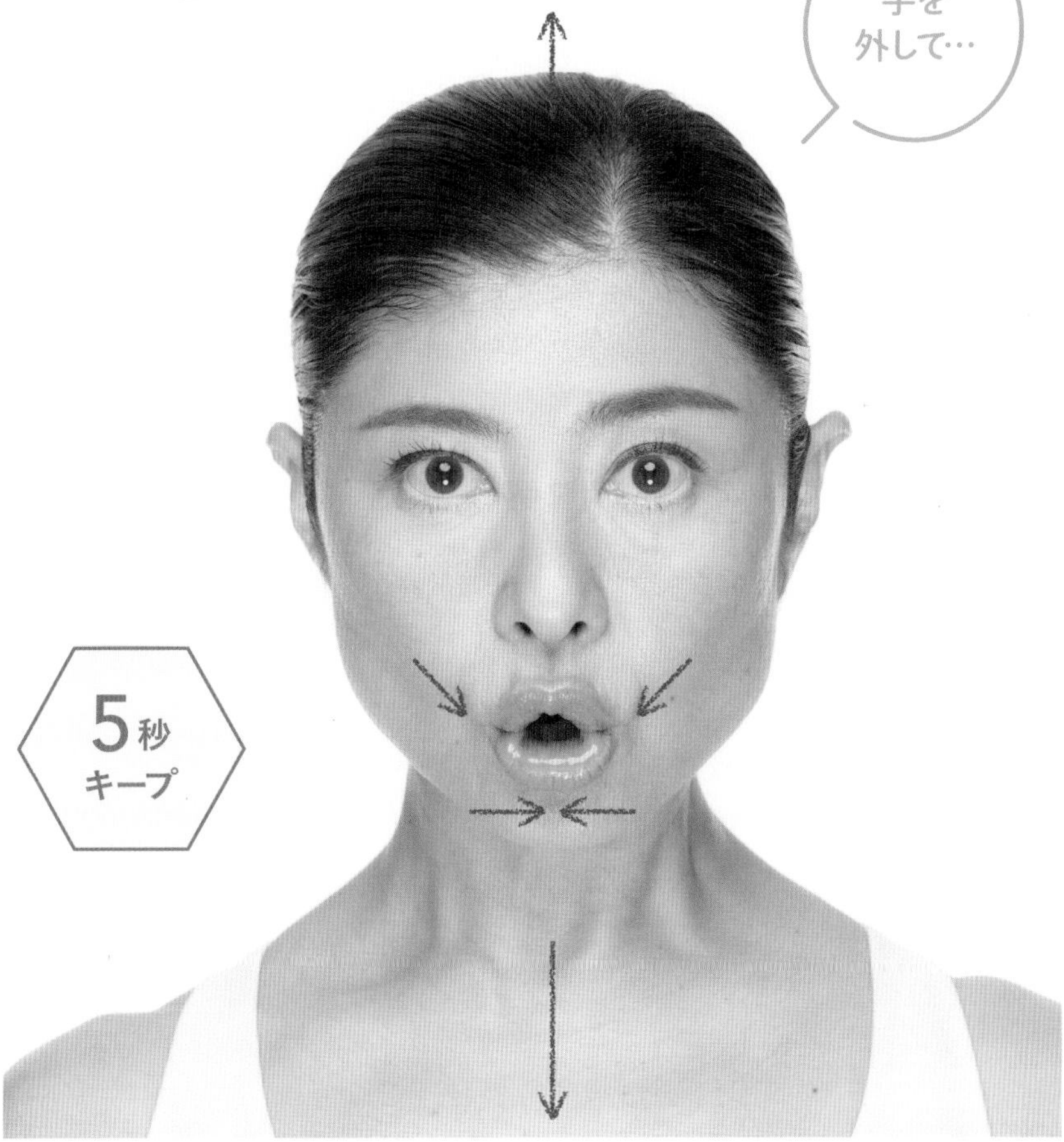

2

手を外してもう一度アゴに力を入れずに唇を動かして梅干しジワが入っていないことが確認できればOK。

二重アゴ解消

顔修正17 舌筋プッシュアップ

アゴ下を鍛えるポイントは舌にあり

1

両手を後頭部に当てて前へ押し、頭はそれと「押し合う」ように後ろへ。口を閉じたまま、舌を上アゴにグーッと押し付けます。

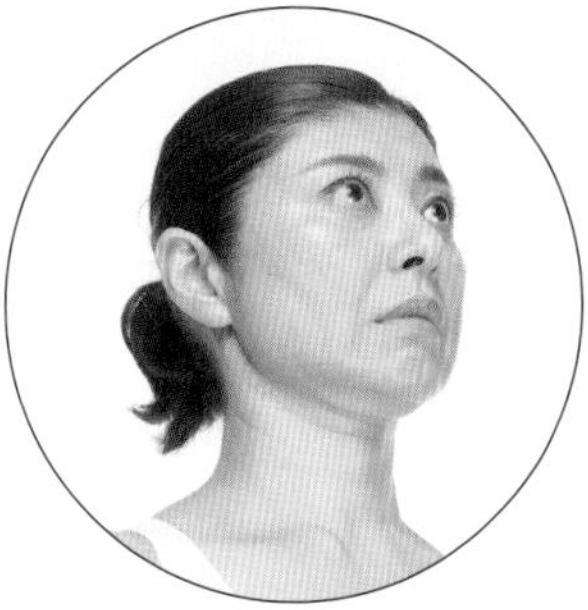

NG

舌が落ちると口元ボンヤリ＆タルタル首に

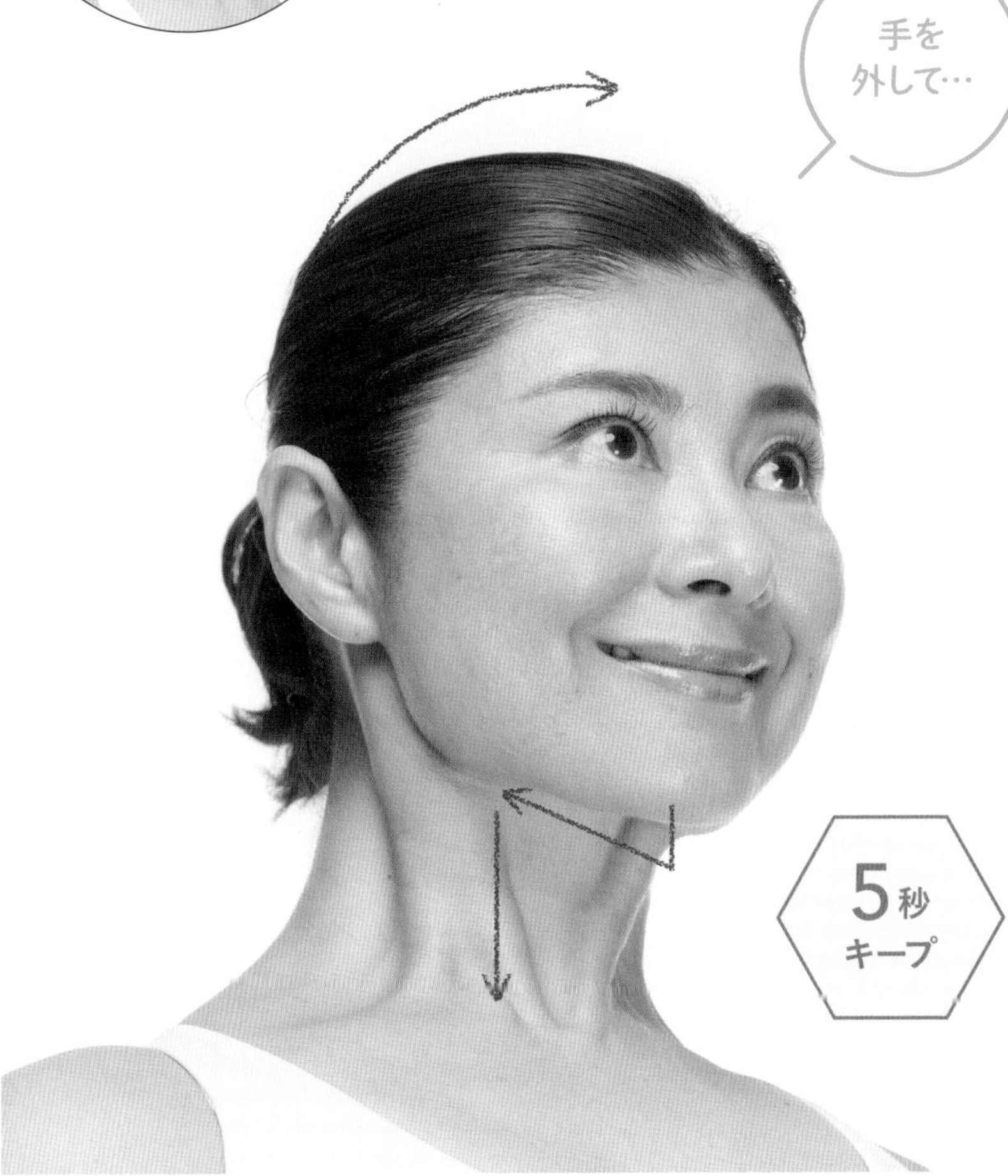

2

口の中を「真空パック」にする感覚で舌で上アゴを押し、手を外しても、首の筋肉を緊張させたままでいられたらOK。

フェイスラインをシャープに

顔修正18 舌筋アップレインボー

猫背で緩んだ首を、舌筋で内側から刺激

1

両手を交差させて指先を首に当て、舌を上アゴに密着させます。口を閉じたまま、頭を右から左へ大きく、虹を描くようにグルリ。

NG

猫背で行うと効果
半減

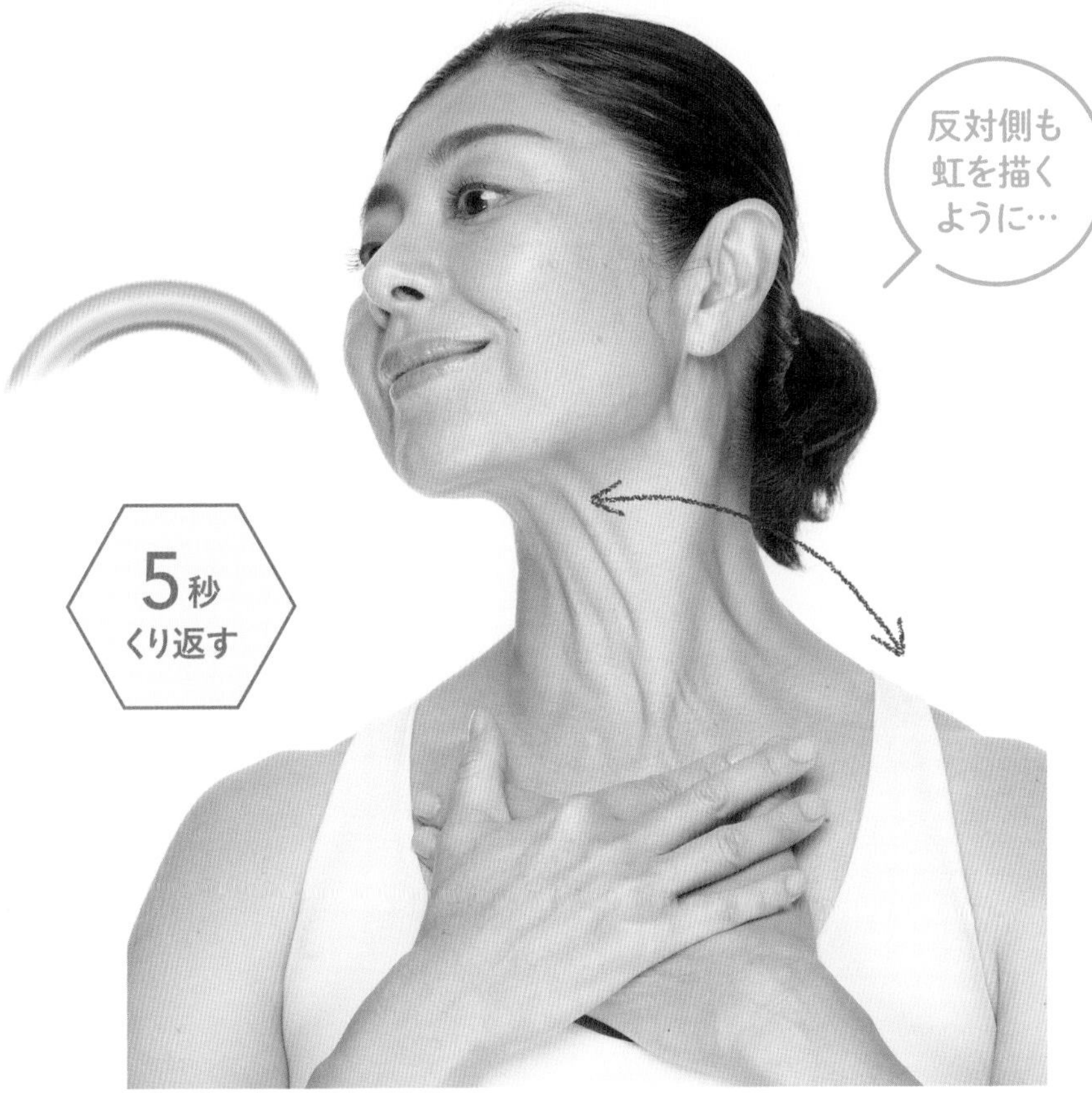

2

左から右へも虹を描きます。首の筋肉に力が入っているのを指先で確認しましょう。おへその下に力を込め、背筋を伸ばすのがコツ。

キメ顔インプット

顔修正19 笑顔のバリエーション

いつでも最高の「笑顔レッスン」

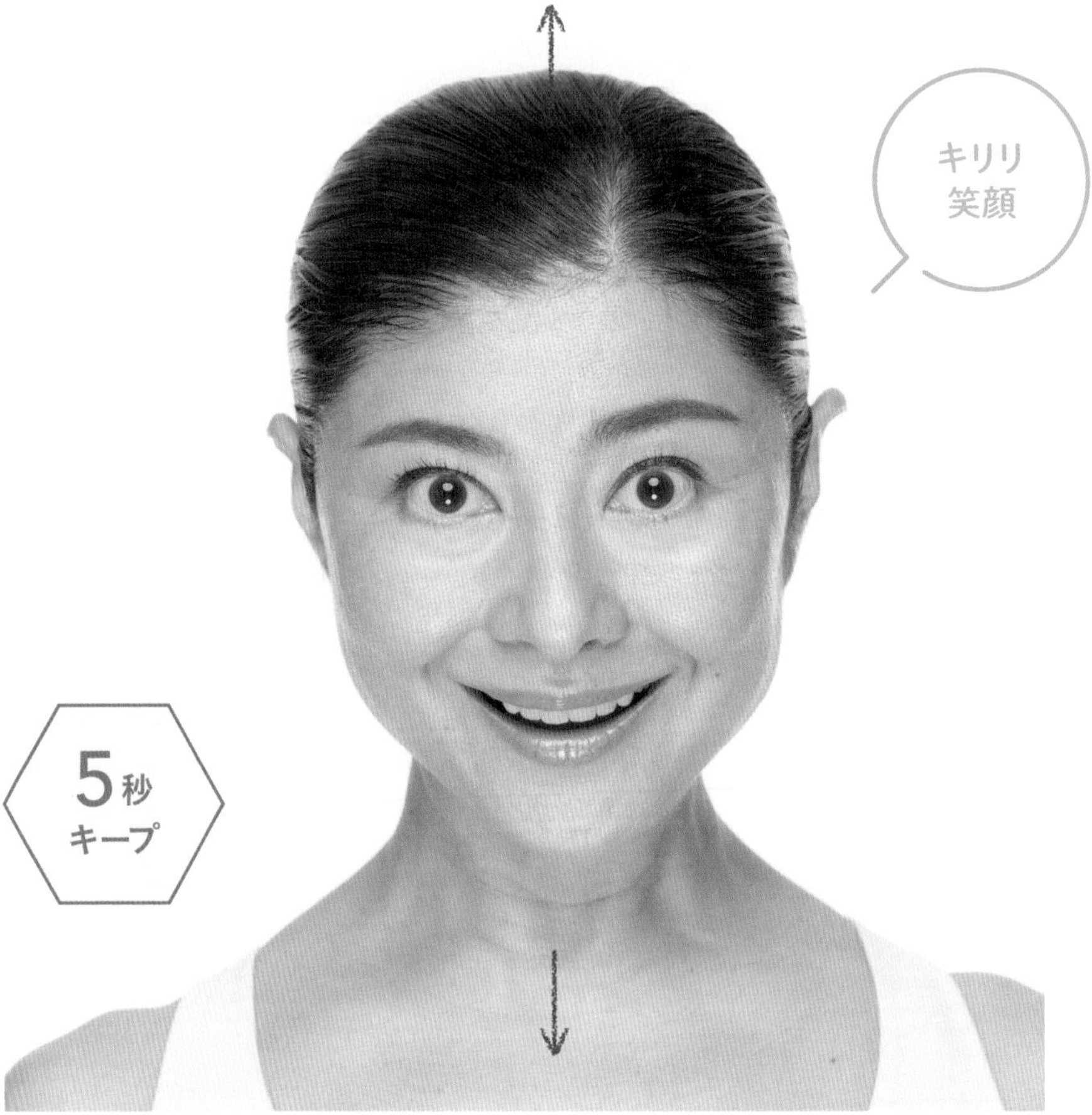

1

鏡を見ながら、目を開き、頬と口角を上げます。上の歯を8本見せて、キリリと引き締まった笑顔をつくりましょう。逆三角形のゴールデントライアングルをクセづけするトレーニングです。

NG

口角を横に引かないよう注意

2

鏡を見たまま、目を緩めて優しく微笑みます。その時も逆三角形のゴールデントライアングルをつくることは鉄則。2つの笑顔を表情筋に記憶させましょう。

ブルドッグ顔にさようなら

顔修正20 ニコニコトレ&軸ウォーキング®

顔からだの中心軸をいつでも意識することで小顔に近づきます！

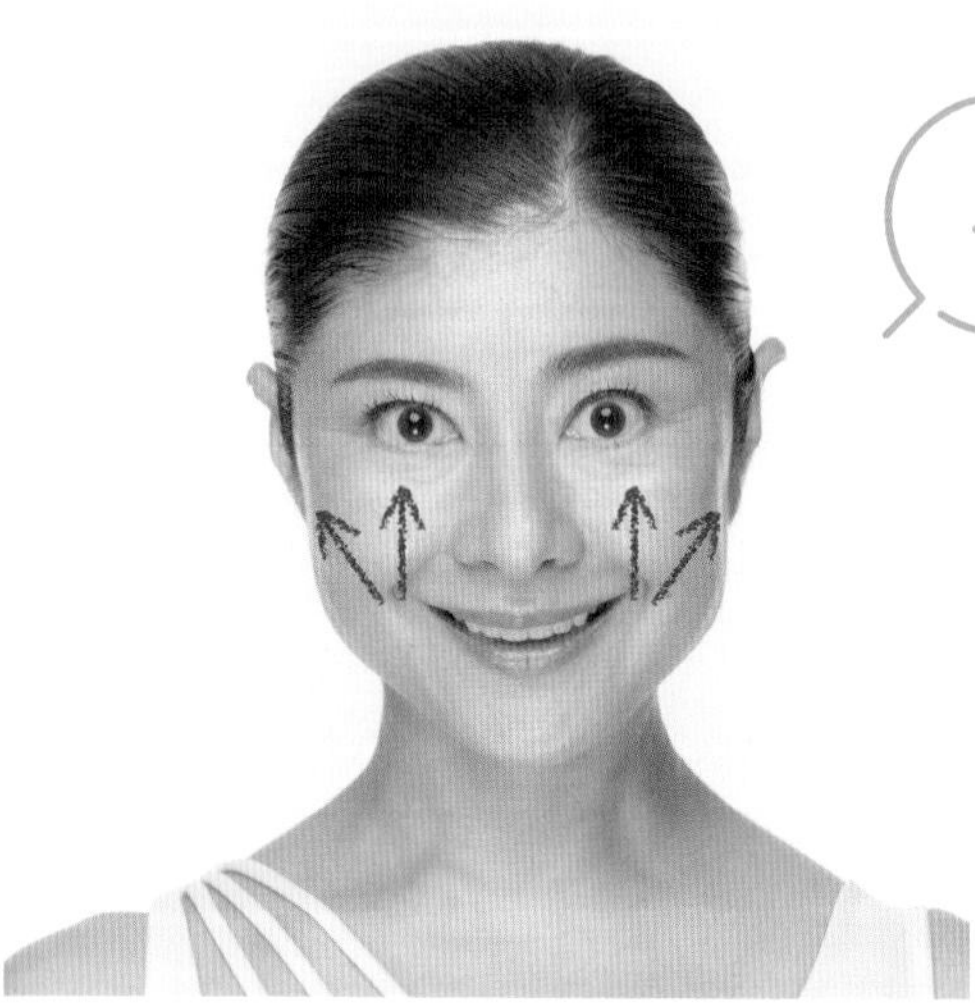

1

大頬骨筋と口角挙筋を使って「ニ」と言いながらニッコリ。頬を立体的に、上の歯を8本見せます。

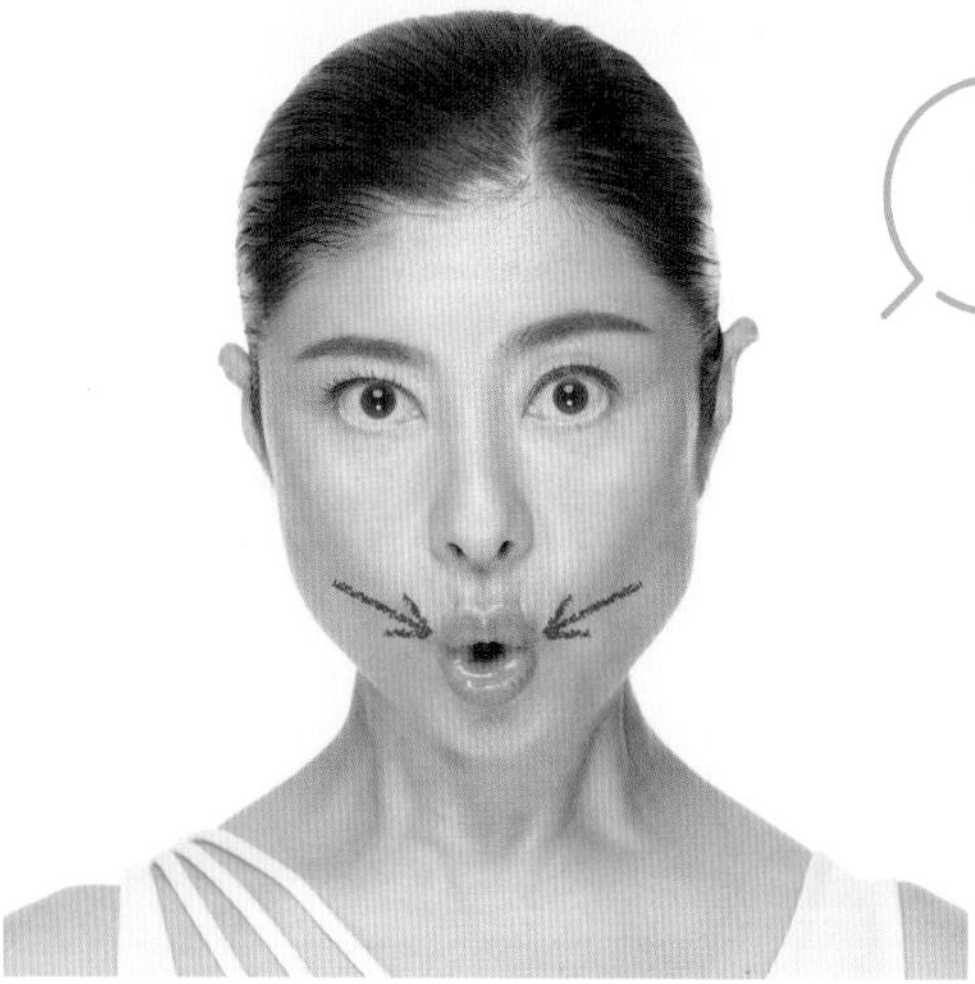

2

頬筋に力を入れて、「コ」と言いながら口を前に突き出し口のまわりのたるみを改善。**1**と**2**を「ニ、コ、ニ、コ……」と何度でもくり返しましょう。

ニコニコトレをしながらやってみよう

アルゼンチンタンゴから生まれた
軸ウォーキング®

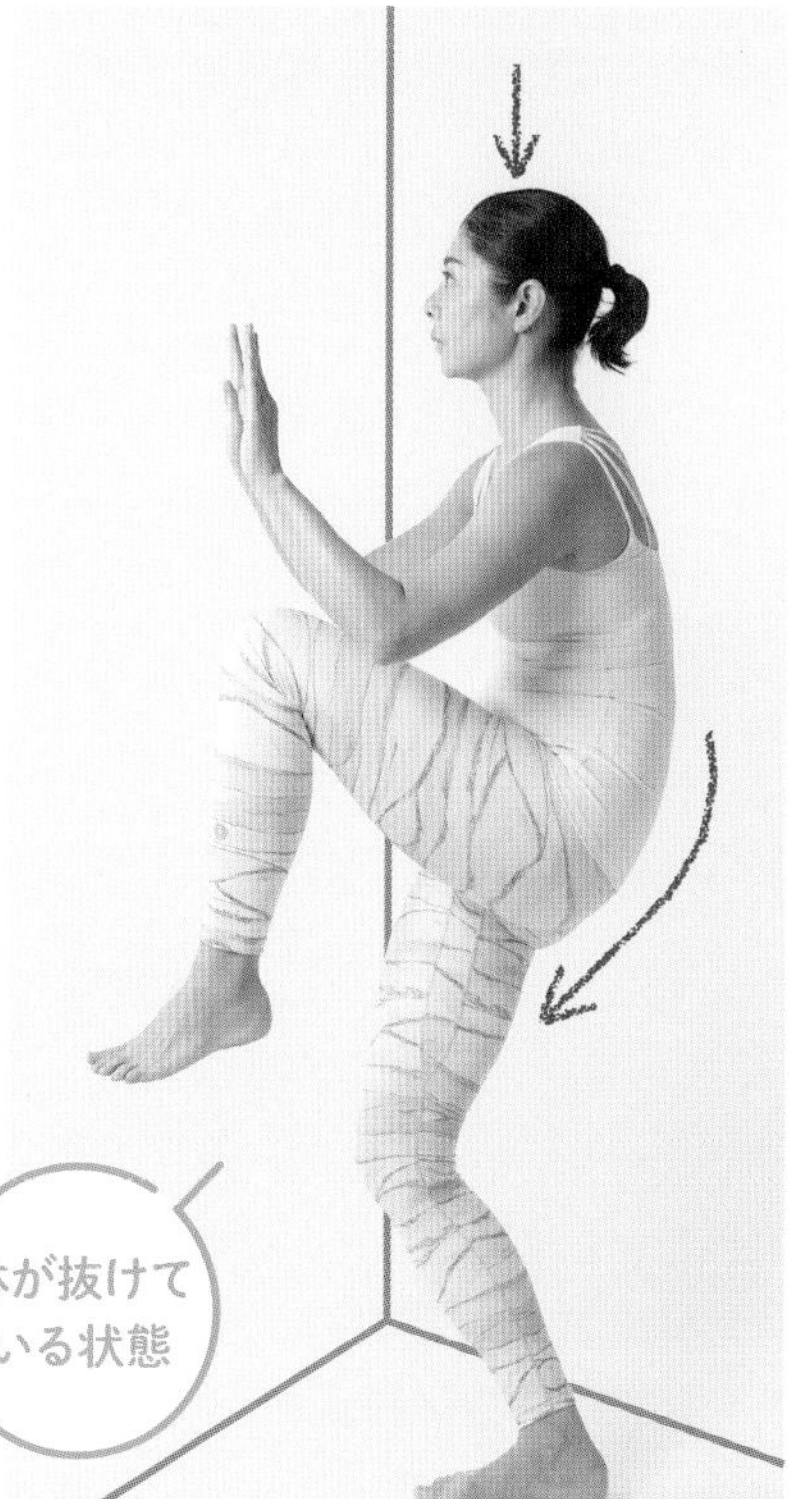

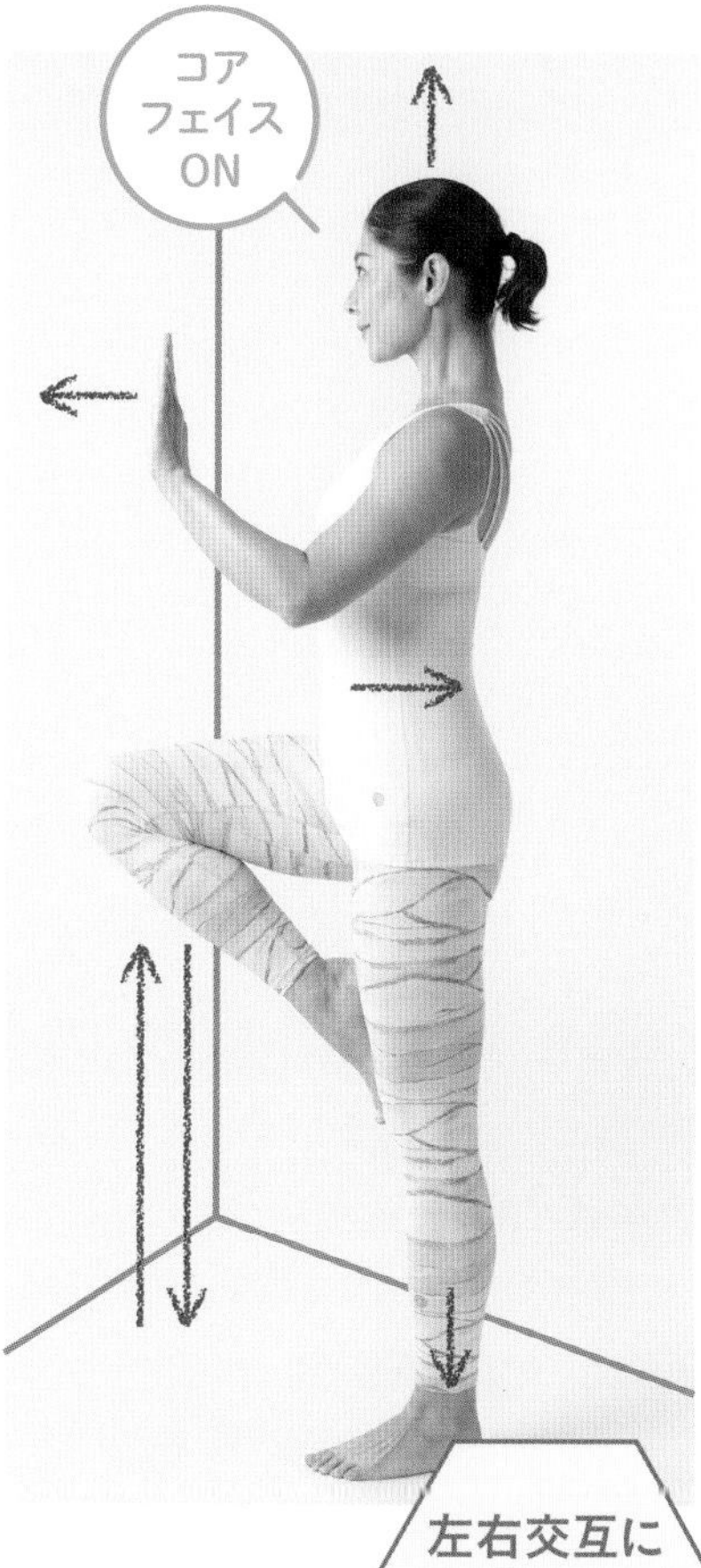

左右交互に足を上げ下げ

NG

猫背は厳禁。下腹を締め、首の後ろは伸ばして

OK

両手を壁に当てます。頭頂部は真上へ、足は真下へ向かう感覚でピンと軸を伸ばし、交互に膝を曲げながら「ニ、コ、ニ、コ」と足踏み

軸ウォーキング®
応用編

「コ」で足を前に出し、
「ニ」で戻します。

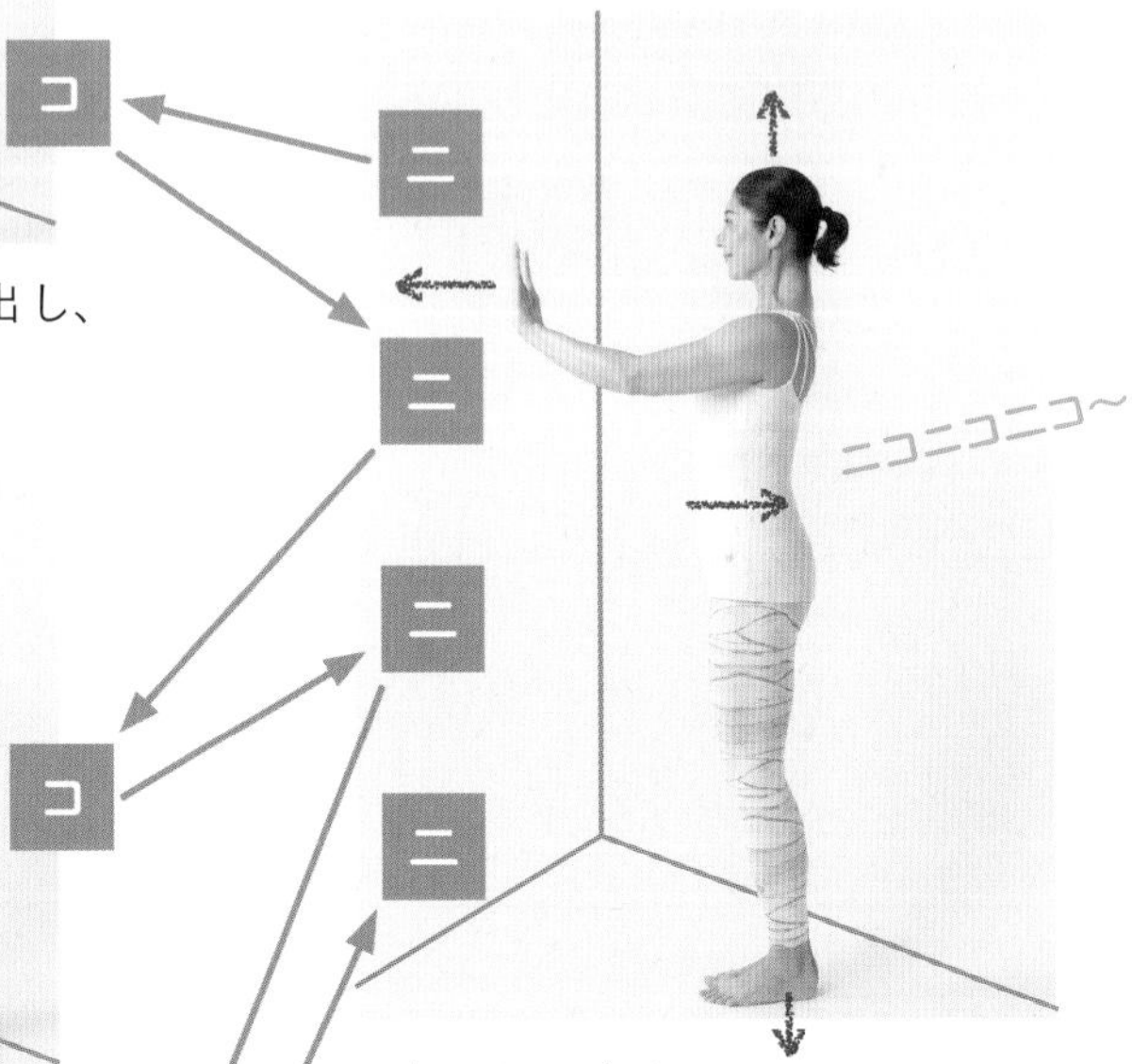

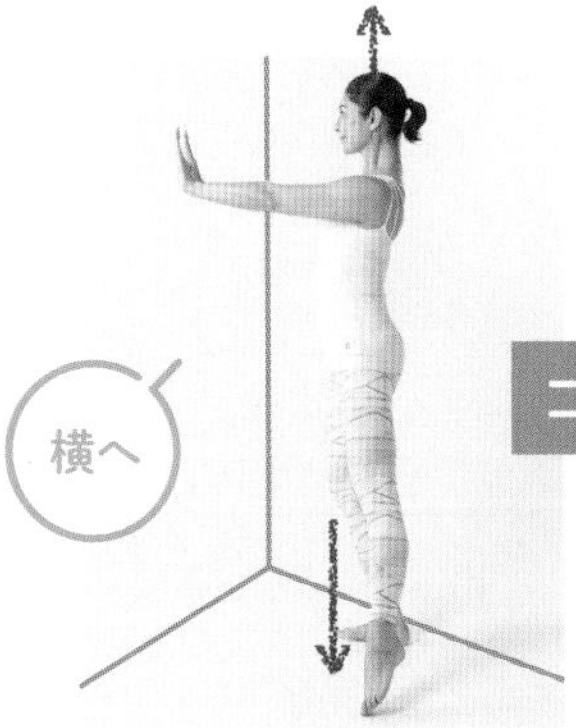

「コ」で真横に出し、
「ニ」で戻します。

★基本のポジション
両手を壁に当てピンと軸を伸ばす。「ニ」の顔で。

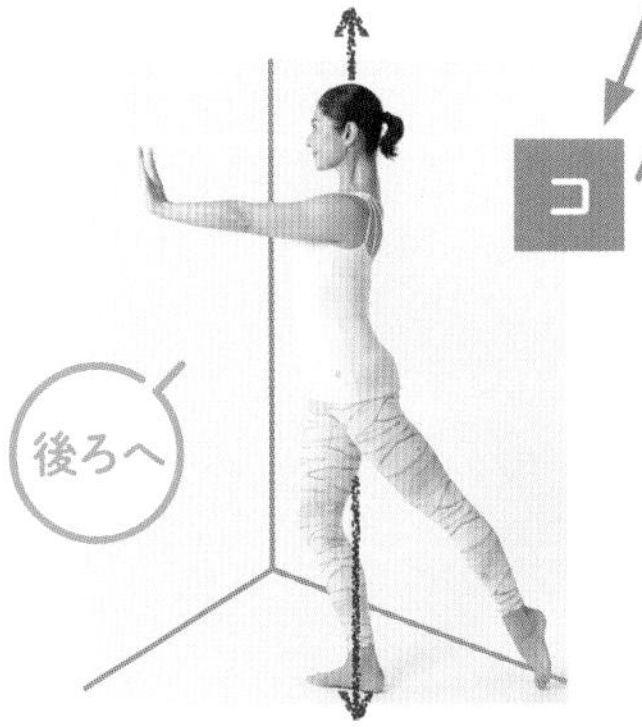

「コ」で後ろに引き、「ニ」で
戻し、足を替えてもう一周。

足を動かした時、左右や
前後に顔からだがぶれな
いように

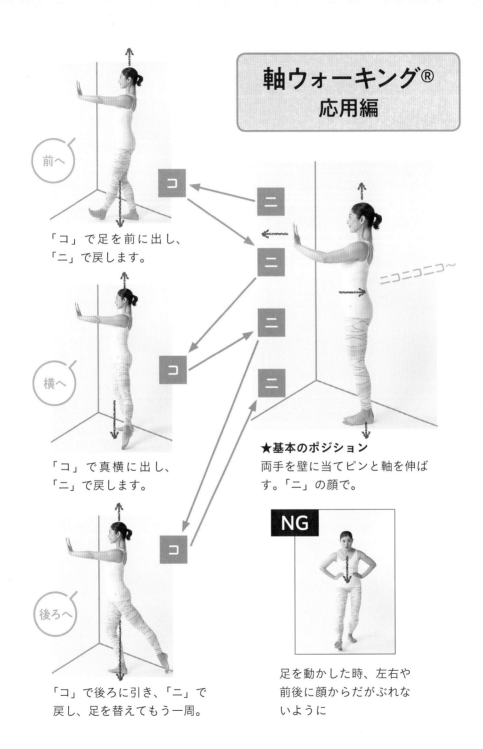

PART

3

顔の筋肉とともに上を向いて生きる

コアフェイストレーニング®誕生秘話

これから皆さんは、トレーニングによって、新しい自分と出会うでしょう。それはおそらく、「キレイになる」ことだけにとどまらないはずです。気持ちが明るくなる、生活全体が活動的になる、自信がつく――「人が変わる」レベルの変化が起こる可能性があります。というのも、私自身がそうだったからです。ここで少し、私自身のヒストリーについて、お話ししたいと思います。

私は、もともと内気なタイプでした。小中高を通じて引っ込み思案で、コミュニケーションも苦手だったのです。

「このままじゃいけない！」と思ったのは、19歳の時。何かにチャレンジしてみようと思い立ち、あるテレビ番組の一般人出演枠に応募したのです。

その番組は、一般人が海外に出て異文化を体験するという企画です。出演者に選んでいただいた私は、インドで「顔ヨガ」を体験しました。

ところが、当時はその価値が理解できず、ただ、「カメラの前で変な顔をさらしてしまった、恥ずかしい〜！」と感じていました。

しかし、思えばその当時の体験がなければ今の私はないのだと思うと、運命というのは本当にあるのだな、と感じます。

20代後半からはアルゼンチンタンゴに魅せられ、没頭する日々でした。もともと運動が大の苦手だった私ですが、何年も努力することで体が動くようになり、アジア大会で優勝することもできました。

いっぽう、コミュニケーションをとることは相変わらず苦手で、肝心な時に限って、顔はヒクヒク、オドオドしてしまい、なかなか自分の思いを伝えられず、トラブルも多かったのです。

しかもその時、私の顔はたるみ・むくみでひどい状態でした。長年、「踊れる体」づくりに集中していて、顔のケアをあまり考えていなかったのです。

そこで思い出したのが、19歳の時のインドでの体験です。体は努力次第で鍛えられることはわかった。自分の顔を改善しよう、と思い立ちました。

フェイシャルヨガの講座を受け、理論と実技を学び、講師に転身しました。おかげで顔は見事に引き締まり、私は「老け顔を改善した顔ヨガ講師」として有名になりました。しかし40代中ごろから、顔をどんなに動かしても、前ほど効果的に顔が引き締まらなくなってしまったのです。当時は忙しさを理由に、踊ることをやめていました。加齢による体の衰えも手伝い、気づけば背中に肉がつき、お腹は三段腹に。洋服のサイズも一気に2サイズもアップしてしまいました。

ある時ふと鏡を見てショックを受けたのです。ダンサーとしての面影が今の私にはまったくない。軸の使い方、体幹の使い方を全部忘れている。軸の抜けた体になれば、顔も抜けてしまう。効率よく顔だけ鍛えることなんて、できるはずがない。どうして当たり前のことに気がつかなかったんだろう、と。タンゴという踊りは軸だけを残し、体はリラックスして踊るテクニックを要します。軸がない状態で全身に力を込めて踊っていると動きが悪くなりますし、無駄な力が入れば、足腰に痛みが出たり、体の筋肉のバランスが崩れます。40代後半からは、体の老いにも向き合った上で顔を整えないと、究極の美は叶わないのではないか、と考えたのです。「コアフェイストレーニング®」のメソッドは、こうして誕生したのです。

効果はすぐに現れました。アゴから首のラインが引き締まり、頬が上がり、まぶたがパッチリ開いて、目の輝きが増しました。そして最大の収穫は、ついに「内気さ」という最大の問題を克服できたことです。私にとって「内気さ」とは、自分に自信の持てないことの現れでした。それが、顔と体の使い方が明確になったことで、「自分自身の表現のしかた」に迷いがなくなったのです。緊張すると顔がこわばり、伝えたいことがあってもオドオドしていたのはメンタルの弱さが原因だと思っていましたが、顔の使い方がわからなかったことに起因していたのだと確信したのです。同じような変化が、皆さんにもきっと起こります。できなかったことができるようになり、前向きな気持ちが沸き上がってくるでしょう。

顔を動かさない時代だからこそ意識が必要

今、私たちは「顔を動かさない時代」を生きています。

昔なら、顔と顔を合わせて直接コミュニケーションをとっていた場面でも、今はメールで代用することが多くなりました。SNSの発達で、生身のコミュニケーションの機会も大幅に減りました。

2020年以降は、感染症の影響でその流れが加速しました。一日家の中にいて誰とも口をきかない日を、多くの人が経験したでしょう。外に出たら出たで、皆がマスク姿。相手の表情を読むことにも、自分の表情をつくることにも意識が向かなくなってしまっています。

そのマスクの下で、顔のブルドッグ化はどんどん進みます。

この数年で、ブルドッグ顔の相談は急増しました。「マスクを外すと、自分の老け顔に愕然《がくぜん》！」「頬が一気に垂れた気がする！」と、嘆く声が絶えないのです。

そんな今だからこそ、積極的に顔のメンテナンスをしましょう。

人と会う回数が減ったからといって「老け顔になってもいい」人などいないでしょう。たまに会う機会が、いっそう貴重に感じられるはず。その時、素敵な顔でいられないなんて、あまりにも残念です。

マスクを取った時に最高の顔でいられるよう、こまめに顔を動かしましょう。

家にひとりでいる時も、鏡をまめに見ながら、このトレーニングを集中して行っていると顔だけでなく、気持ちも上がることに気づくでしょう。

口角を上げるだけで、人は元気が出るもの。「幸せだから笑うのではなく、笑うから幸せになるのだ」という言葉もありますね。最初はただ口角を上げただけでも、それによって元気になり、本当の笑顔になれます。するとさらに元気になり……幸せの好循環が生まれます。

それは、厳しい時代を生きるパワーの源《みなもと》。顔のトレーニングで、「キレイ」と「元気」を毎日チャージしましょう。

「キレイ」と「元気」をつくる食べ方

「ブルドッグ顔に効く食べ物・食べ方はありますか？」

と聞かれることがたまにありますが、私はとくに意識していません。食べる量を控えたりもせず、食べたいものを食べているだけです。それでも、トレーニングのおかげでフェイスラインはスッキリしています。

しかし、顔のトレーニングを始める前の私の食生活は、大いに問題がありました。ダイエットと過食をくり返す傾向があったのです。外出先から自宅に帰るまでの途上、コンビニが現れるたびに、スナック菓子を買い、お弁当を買い……全部平らげては罪悪感に駆られることがしょっちゅうでした。

当時は、メンタルが弱っていたのだと思います。メンタルが不調に陥る時は、「セロトニン」という脳内物質の分泌量が落ちているのだと言います。セロトニンが不足すると、人は何かに「執着」するのだと、ある専門家の先生がおっしゃっていました。私の場合は、それが食べ物だったのでしょう。

ちなみに、執着の方向は人によって違います。際限なく買い物をしてしまう人もいますし、仕事をしていないと落ち着かない「ワーカホリック」になる人もいます。筋トレやランニングをする人も時々、鍛え続けていないと不安になる「トレーニング依存」になることがあります。体づくりに励むのは本来よいことなのに、セロトニンが足りないと度の過ぎた、強迫的なものになってしまうのです。

幸い、私の過食グセは「表情筋から元気をもらう」術《すべ》を得て、すっかりおさまりました。たるんだフェイスラインを気にして、必要以上にダイエットに走ってしまう方もいますが、「やつれる」ことと「引き締まる」ことは違います。とくに40代以降は、顔を鍛えないままカロリー制限をして脂肪だけ落としてしまうと、皮膚がたるみやすくなり、余計に老けて見えてしまいます。目指すべきは「痩せた顔」ではなく「若々しく生き生きした顔」です。それは食事制限ではなく、トレーニングによって手に入れられるものだということを、忘れないでください。

顔だけでなく体も同時に使おう

「顔だけ動かせばいいと思っていませんか？」

本書のＰＡＲＴ２で紹介したトレーニングに一生懸命取り組んでいる皆さんは、きっと鏡の前の顔は頑張って動かしていることでしょう。しかし足はどうでしょうか。お腹は？　首の後ろは？　確認してみてください。どうなっていますか？　今一度確認してみましょう。「コアフェイス」を意識できていますか？

大変多くの方が「目を大きくしたいなら、目だけを鍛えればいい」「口角を上げたいなら顔だけ鍛えればいい」と、顔のパーツごとに、気になる場所だけをピンポイントで考えてしまいがちです。実は、以前は、私もそうでした。

しかし、顔だけに意識が行き、闇雲に顔だけを動かしても効果的に顔を鍛えることはできないことを覚えておいてください。

私が考案したコアフェイストレーニング®は、「顔だけでなく体も同時に使う」

ことが大切です。体を使うといっても、必ずしも大きな動作をするわけではなく、足でしっかり床を踏む、おへその下を引き上げる、背中から首の後ろを伸ばすなど、体に意識を向けるということです。

例えば目のまわりの筋肉を鍛える時は、足裏から、下腹~背骨、首を通って、最後に目を意識して動かす……というようなイメージです。

PART2の「顔修正20」では「軸ウォーキング®」を紹介しました。これは、ブルドッグ顔の原因は悪い姿勢だからといっても、解消するにはただ姿勢を正しくするのではなく「体から顔を使う」ことを体感していただくためです。軸ウォーキング®を行うと足裏を感じやすく軸も整いやすいので、ぜひやってみてください。アルゼンチンタンゴダンスの体の使い方からヒントを得たコアフェイストレーニング®の真髄を皆さんにも体験していただきたいのです。この本を読む皆さんはタンゴシューズを履いて、というわけにはいかないかもしれませんが、慣れたら高いヒールを履いていてもぶれない軸が手に入るかもしれません。

自分の顔は好きですか？

皆さんは、自分の顔が好きですか？

「YES」と答える方は少数派でしょう。教室に来られる生徒さんたちも、最初はほぼ全員が「NO」と答えます。

その気持ちはわかります。私も昔はそうでした。

とはいえ、そこにとどまるのは問題です。自分の顔に向き合う気持ちが湧いてこず、顔を変えるきっかけもつかめないからです。

顔立ちだけでなく、表情についても同じです。人と話す時、顔がこわばるのを感じるなら、おそらく表情が不自然になっています。

それは、どの筋肉をどう使うかが判断できていないからです。「こう動かせばいいのかな？」と迷いながらつくる表情は、自信がない印象を与えます。

ですからまずは、「自分の顔が嫌い」「鏡を見るのもイヤ」などと思わず、顔を観察しましょう。どこにシワが寄っているのか、どの部分に垂れたお肉が溜まるのか。なぜ笑っても不自然なのか、魅力的な表情にならないのか……。

顔の弱点がわかったら、どのトレーニングを重点的に行えばいいかがわかります。それを実践すれば顔は変わり、本当に自分の顔が好きになります。

生徒さんたちも、そんな風に日一日と変わっていきます。「自分がこんなにかわいいなんて、知らなかった！」とおっしゃる方が何人もいます。

そう、みんな自分の内側にもう一つ、「もっと素敵な顔」が隠れているのです。

「私はまだまだかわいくなる」と思ってトレーニングしましょう。

並行して、色々な表情の「自撮り」をするのもよい方法です。顔の変化がつかめるととても励みになりますし、さらに「ここをもっとよくしよう」と、自分なりの対策も考えられます。

それにより、「あなた自身の魅力」が今よりもっと花開くでしょう。

なりたい顔になれるイメージトレーニングを

トレーニングの効果を出すには、「なりたい自分の顔」を明確にイメージするのが一番です。

「女優の〇〇さんのようになりたい」とひとりの人物を目指すのもいいですし、「輪郭は誰々、表情は誰々風」のように複数の目標を持つのもよいでしょう。

私にも、「目標の顔」がありました。オードリー・ヘプバーンに憧れた時期もありますし、ほかにもさまざまな方々の、素敵な輪郭や表情を見ては「この人の顔を目指そう」と思っていたものです。そして、目標とする顔が載った雑誌の切り抜きをボードに張り、いつも目に入る場所に掲げていました。

こうして「なりたい顔」をいつも目にしていると、表情や、振る舞い方の自分ルールが見えてきます。顔を動かしながら、頭の中にイメージがはっきりと浮かんできて、「あの顔になるのだ！」という気持ちで励むことができます。

するとと不思議なことに、どんどんその顔に近づいていくのです。

「女優さんの顔に近づくなんて、私には無理！」

と決めつけるのは禁物です。顔の造形が違っても、表情が変われば、顔は本当に似てくるものなのです。

「ものまね」をする芸人さんは、まったく顔立ちの違う人の真似をしても、そっくりに見えますね。それは、筋肉の動かし方をとことん観察し、それをトレースしているからです。表情筋は、顔の印象を自由自在に変えることができるのです。

一方、「どんな顔でも自分の顔。ほかの人の顔を目指そうとは思いません」という人もいるでしょう。その場合は、「10年後になっていたい顔」をイメージしましょう。60歳、70歳、80歳……年齢を重ねた時にこんな顔でいられたら最高！と思えるイメージを、髪型や服装も含めて思い描いてみてください。

そこを目指してトレーニングを重ねると、それは10年後20年後、必ず実現します。いつまでも生き生きと美しい顔を、今日からつくり始めましょう。

〈著者紹介〉

間々田佳子（ままだ・よしこ）

表情筋研究家。1972年生まれ。レッスンの受講者のべ３万人以上、著書は15冊以上。累計56万部を誇る「顔の筋肉」のプロフェッショナル。自身のたるみ顔を改善した経験をふまえた指導がメディアで話題になり、大企業の社員研修や女性向けの大型イベントで講師を務めるなど、全国各地で活動している。顔ヨガカリスマ講師を経て表情筋研究家となり、2020年ままだよしこメソッド株式会社を設立。顔の最強メソッド『コアフェイストレーニング®』を考案。顔の筋トレを広めるべく精力的に活動している。

公式HP　https://www.mamadayoshiko.com

ブルドッグ顔が引き上がる！５秒でできる「顔筋改革」

2021年11月25日　第１版第１刷発行

著　者　間々田佳子
発行者　村上雅基
発行所　株式会社ＰＨＰ研究所
京都本部　〒601-8411　京都市南区西九条北ノ内町11
教育出版部　☎075-681-8732（編集）
家庭教育普及部　☎075-681-8554（販売）
東京本部　〒135-8137　江東区豊洲5-6-52
普及部　☎03-3520-9630（販売）
PHP INTERFACE　https://www.php.co.jp/
組　版　朝日メディアインターナショナル株式会社
印刷所
製本所　図書印刷株式会社

ISBN978-4-569-85069-6